高职英语教学的方法研究

侯晓慧 ◎ 著

吉林出版集团股份有限公司
全国百佳图书出版单位

图书在版编目（CIP）数据

高职英语教学的方法研究 / 侯晓慧著. -- 长春：吉林出版集团股份有限公司，2022.8
　　ISBN 978-7-5731-1722-9

Ⅰ．①高… Ⅱ．①侯… Ⅲ．①英语－教学研究－高等职业教育　Ⅳ．①H319.3

中国版本图书馆CIP数据核字(2022)第118056号

GAOZHI YINGYU JIAOXUE DE FANGFA YANJIU
高职英语教学的方法研究

著　　　者	侯晓慧
责任编辑	张婷婷
装帧设计	朱秋丽
出　　　版	吉林出版集团股份有限公司
发　　　行	吉林出版集团青少年书刊发行有限公司
地　　　址	吉林省长春市福祉大路5788号（130118）
电　　　话	0431-81629808
印　　　刷	北京昌联印刷有限公司
版　　　次	2022年8月第1版
印　　　次	2022年8月第1次印刷
开　　　本	787 mm×1092 mm　1/16
印　　　张	11.25
字　　　数	230千字
书　　　号	ISBN 978-7-5731-1722-9
定　　　价	65.00元

版权所有·翻印必究

前　言

随着国际交往日益增多，社会对各类技术人员的英语水平将提出更高的要求，熟练地掌握和使用英语，将成为 21 世纪人才所必备的能力素质之一。掌握英语这门重要的交际语言在高职英语教学过程中显得日趋重要。英语素质在人才的素质中显得越来越重要，这给高职高专的英语教学带来了严峻的挑战。我们必须从时代和国际竞争需要的高度来认识高职院校的英语教学所面临的新机遇和挑战，采取各种办法努力提高英语教学水平。

高职教育近年来的发展成果是很可观的，所以说高职院校的教育也得到了国家教育部门越来越多的关注，就拿高职英语教学来说，这是国家教育部所指定的高等职业教育专业的必修课程，其重要性那自是不言而喻的，在高职英语课程教学当中，最重要的是要对学生的语言交际能力加以培养，使学生能够用英语，这样在走向社会之后才可以拥有一门语言能力，但是就目前的英语教学状况来说，这个目的还是远远达不到的，教学方法上存在着一些问题，教学质量也因此而难以提高，所以说在未来的发展过程当中需要不断的对高职英语教学方法进行研究，从而得以进一步的达到相关的教育目标。

本书主要论述了高职英语教学的方法研究方面的相关内容。首先概述了高职英语教育、高职英语专业建设、高职英语课程设置、高职英语教学设计等，然后对高职英语网络化教学、高职英语教学创新、高职英语教师发展与团队建设以及交际教学法与高职院校英语教学进行分析，最后探讨了现代高职英语教学评估与教育发展新方向以及现代高职英语教育展望等。

本书在写作过程中参阅了大量有关高职英语教学法的相关文献与资料，同时为保证论述的准确与全面，还引用了许多专家与学者的相关研究成果与观点，在此表示诚挚的谢意。因写作水平有限，书中不免有疏漏之处，恳请广大读者批评指正。

目 录

第一章 高职英语教育概述 ... 1
- 第一节 高职英语专业教育现状分析 ... 1
- 第二节 现代高职英语专业教学模式分析 ... 7
- 第三节 现代高职英语教育的实用性分析 ... 10

第二章 高职英语专业建设 ... 15
- 第一节 高职专业建设概述 ... 15
- 第二节 商务英语专业 ... 18
- 第三节 应用英语专业 ... 20
- 第四节 旅游英语专业 ... 21
- 第五节 英语教育专业 ... 25

第三章 高职英语课程设置 ... 28
- 第一节 高职课程设置概论 ... 28
- 第二节 高职公共英语课程设置 ... 31
- 第三节 高职英语专业课程设置 ... 39

第四章 高职英语教学设计 ... 43
- 第一节 教学设计概述 ... 43
- 第二节 课堂教学设计理论与教学策略 ... 50
- 第三节 基于项目的任务型教学设计 ... 56

第五章 高职英语网络化教学 ... 59
- 第一节 网络化教学概述 ... 59
- 第二节 现代教育技术与学科课程的整合 ... 63
- 第三节 高职英语网络化学习的理论基础 ... 67
- 第四节 基于网络资源的英语学习模式实验 ... 71
- 第五节 基于网络平台的"工学结合"项目化教学 ... 74

  第六节 公共基础课信息化教学及效果评价 78

第六章 高职英语教学创新研究 83
  第一节 新媒体下的高职英语教学 83
  第二节 工学结合下的高职英语 RICH 教学 88
  第三节 图式激活理论与高职英语听力焦虑教学 92
  第四节 "双创"高职商务英语产学合作协同育人 97

第七章 高职英语教师发展与团队建设 101
  第一节 教师专业发展概述 101
  第二节 高职教师专业发展的途径 106
  第三节 高职"双师结构"教学团队的内涵与建设要素 110
  第四节 "双师结构"商务英语教学团队建设 116
  第五节 "EGP + ESP"与高职英语教师专业发展 121

第八章 交际教学法与高职院校英语教学 126
  第一节 20 世纪 80 年代前后的英语教学回顾 126
  第二节 交际教学法在高职院校英语教学中的探索应用 127
  第三节 在自然班级中应用交际教学法的对比实验 128
  第四节 交际教学法在英语分层教学中的初步探索 135

第九章 现代高职英语教学评估与教育发展新方向 139
  第一节 教学评估的发展与影响 139
  第二节 高职英语专业动态多元化教学评估体系的构建 142
  第三节 高职英语专业教学体系的创新 146
  第四节 协同创新的含义及其重要意义 148
  第五节 高职教育与协同创新 149
  第六节 高职英语教育与协同创新 153

第十章 现代高职英语教育展望 157
  第一节 高职教育体系的完整发展 157
  第二节 高职英语教育对教师的要求 161
  第三节 高职英语教学手段和设备的现代化 163
  第四节 高职英语的教学模式、评估方法 166

参考文献 170

第一章　高职英语教育概述

随着社会经济和信息技术的快速发展，人类社会进入了全新的发展时期。我们必须从时代的高度和国际竞争的需要来认识高职英语教学面临的新机遇和挑战。本章针对高职英语专业教育的现状、高职英语专业教学模式以及高职英语教育的实用性进行分析。

第一节　高职英语专业教育现状分析

一、高职英语专业基础教育现状

（一）高职英语专业设置

高职高专教育的目的是培养具有必要的理论知识和较强的实践能力，在生产、服务和管理第一线从事实际工作的高级技术型人才。这类人才应具备较强的社会适应能力、宽广的知识面、全面的职业技能、创造性地开展工作的能力、较强的应用和发展能力、积极的职业态度等基本素质，科学的专业设置是保证素质教育得以实现的前提。

总体来看，我国的高等教育专业是按学科分类和职业岗位（群）来设置的，它反映了社会、经济和科技对人才的需要。专业设置主要遵循以下几个基本原则：一是适应社会主义现代化建设的人才需要；二是适应科学技术发展的趋势；三是符合人才培养的规律。

作为高等教育组成部分的高职教育，无疑也应该遵循这些基本原则。但是，高职教育是高等教育中独具特色的组成部分，在专业设置方面，应该有自己的特点，必须根据自身特点去探索新的途径。原有的普通高等院校主要依据学科体系来设置专业，这与普通高等院校培养理论型、研究型人才的教学目标是相契合的。也就是说，普通高等院校都是根据"学科理论知识体系"一个坐标轴（部分加上"职业分工"一个坐标轴）来设定专业，基本呈现"线性设计"或"平面设计"的态势。高职教育主要面向生产、服务和管理第一线，培养的是应用型、复合型技术人才和管理人才。这类人才与理论型、研究型人才相比，与一定地区的市场、职业、技术等方面有更直接、更紧密的联系。因此，高等职业教育的专业应从市场、职业、技术三个坐标轴来考虑设置，即用一种立体交叉的思维或视角来研究高职专业的设置。

从众多高职院校近年来的专业设置来看，主要以市场需求为导向、以职业岗位（群）为依据、以技术含量为参数来综合研究专业设置。以市场需求为导向，就是说市场需要什么样的职业技术人才，就要想方设法地去开设相应的专业。这就是所谓的"以销定产"原则，以市场需求为导向，科学设置专业与确定课程内容。以职业岗位（群）为依据，即所谓的"行业定位"原则，也就是说以行业定位为主导，或针对一个行业岗位，或针对一个社会公有岗位，或针对一组相关的岗位等情况来设置专业。以技术含量为参数有两层意思：第一，高职教育设置的专业不完全是针对某个特定的职业岗位或岗位群的，其中有部分专业是按应用技术领域（包括管理技术）的需要设置的；第二，针对职业岗位（群）设置的专业，技术含量也较多、较高。"市场、职业、技术"三者的比例可大可小，视不同时期、不同地区、不同院校和不同专业的具体情况而定。每设置一个专业都要对人才市场的需求情况做大量深入的调查，组织校内外专家和学者对调研材料进行论证分析，聘请本地区各行业的顶尖管理和技术专家为"专业管理委员会"委员，每年对已有专业进行评估，对不适应的进行调整，对空缺的及时补充，保证高职教育与人才需求的高度吻合。以岗位、岗位群或职业所需要的能力为出发点设计教学内容和课程体系，重点是培养学生的动手实践能力和职业技能，大大缩短学生的就业适应期，使学生可以直接顶岗，从而增强高职毕业生的就业竞争力，让他们在职场中立于不败之地。

高职专业设置应具备三个特点。一是主动适应，灵活多样。高职教育应该面向市场，按照职业岗位（群）或技术领域的需要来设置专业，以体现针对性和适应性。随着社会的发展和科技的进步，社会职业和职业岗位都处于不断变化中。面对这样一个动态的庞大系统，高职院校既不可能为每一种职业岗位或每一种技术分别设置相应的专业，也不可能照搬照抄普通高校的专业。因此，高职院校应经常对人才市场的需求状况做大量深入的调查，调查的内容包括与各专业相关的行业规模、发展趋势、技术状况、岗位设置和人才需求，详细了解生产单位对生产、管理第一线骨干人才的素质要求等；遵循择优性、可行性和效益性等原则，按轻重缓急，分期分批地设置专业。二是宽窄并举，可宽可窄。高职院校专业设置的宽窄并举是一种规律性现象。当前，由于科学技术的迅猛发展，职业技术教育出现了拓展专业宽度的趋势。一般来说，专业应该是宽窄并存的。按照职业岗位（群）需要开设的专业，专业口径可相对窄一些；而按技术领域设置的专业，专业口径则相对较宽，侧重强调适应性。另外，可采用"宽口径、多方向"的方法，在一个专业下设置多个专业方向，使毕业生既能适应更多的职业岗位，又具有自己的特色和特长。三是交叉融合，分合有序。目前我国许多行业的生产、管理第一线急需的是大批既懂理论又懂技术，或既懂操作又会经营的复合型、智能型人才。因此，可以将不同的专业融合起来，如商务加英语、旅游加英语等；也可以将专业知识和专业技能融合起来，如商务知识和单证制作、商务文秘和办公自动化等。

在教育规模快速发展的同时，高等职业教育也暴露出一些深层次的问题和矛盾。部分高职高专院校在专业设置、专业调整等工作中出现了一些新的情况和问题，突出表现为专业设置随意性较强等方面。许多高职院校在设置专业时，缺乏科学有效的专业论证和预测机制，没有形成与地方经济的主导产业发展趋势相适应又立足自身办学条件和办学特色的切实可行的专业发展规划。有的高职院校的专业设置简单地套用本科甚至研究生学科（专业）目录，有的则沿用中等职业教育的专业名称，不仅学科专业名称差异较大，而且学科专业代码也不一致，造成了专业设置上的混乱，很大程度上影响了学校的人才定位、教学管理、招生以及就业等工作的科学性与规范性。不同类型的学校相近的高职高专教育专业名称有明显的不同。根据招生部门的初步统计，全国至少有1500个高职高专教育专业名称。专业名称不规范在一定程度上影响了高职高专教育专业结构的调整和培养人才类别的划分、统计和宏观调控，以及社会对人才能力结构的了解和毕业生的就业。专业设置混乱、随意性强、名称不规范的现象非常普遍，如有些院校设立商务英语专业，而另一些院校称其为商贸英语专业；旅游英语专业在不同的院校被称作涉外旅游、旅游管理、旅游英语等不同的名称；还有一些院校在应用英语专业中下设商务英语方向，而有些院校在商务英语专业下设应用英语方向等，此类例子不胜枚举。

（二）高职英语专业的培养目标和社会意义

高职教育作为我国高等教育的重要组成部分，与普通高等教育一起构成我国高等教育的两支大军。它们具有很多相同点，如教育层次基本相同、教育的政治取向一致、教育教学的基本原则相同、对教师的基本要求相同、学校管理原则基本相同等。但是，高职教育与普通高等教育在培养目标、培养特征、专业设置、课程开发、授课方法、教学条件、师资队伍、招生制度、教育形式、管理架构等方面也存在很大的差异。其中最突出的就是培养目标的不同。普通高等教育培养的是学术型、理论型、工程设计型等学科专业人才，而高职教育培养的是技术型、智能型、复合型等实用人才。

高职高专英语专业是培养具有英语听、说、读、写、译的能力，具备较丰富的英美文化知识，熟悉和掌握一定的专业基本理论和方法，能适应涉外工作第一线需要的综合素质良好的高等应用型专业人才。也就是说，要培养具有良好的英语应用能力和英美文化知识，又具有专业知识的技术型或应用型人才。与本科培养的学术型和工程型人才有所不同，高职高专英语专业的学生除了具有良好的思想道德素质和身心素质，他们的文化素质是以英语知识为基础，虽不要求学生像学术型人才那样掌握高深的理论知识，但要求达到大学专科层次必须具备的理论知识和"基础学力"，同时具有相应的其他专业知识，以满足新时代对人才的新要求。

虽然学术型、工程型、技术型或应用型人才都处于高等教育的文化背景和素质平台之上，同属于高层次的人才，且都在自己的专业领域具有较强的创新能力，但高职英语专业培养的技术型或应用型人才，相对于普通高校英语专业培养的学术型人才而言，程序性知识娴熟，操作性技能高超，擅长实践，动手能力强，能把课程中学到的理论知识应用到工作实践中。而且，高职英语专业培养的应用型人才在听、说方面的能力尤为突出，还具有一定的其他专业知识，如商务、旅游、交际、外贸、文秘等，能更快地适应工作岗位的需求。由此不难看出，高职英语专业作为普通高等英语教育外延的拓展，是一个新兴的重要类别，它与普通高校英语教育互补共存，不可或缺，其培养的应用型人才特色鲜明，与普通高校英语专业培养的学术型人才各有所长，都为社会所需要。高职英语教育直接和生产、管理第一线相联系，为经济发展服务，为社会发展服务，为中华民族在新时代的腾飞造就大批技术素质优秀的英语人才。

（三）高职英语专业与普通英语专业的区别

几乎所有的普通高等院校和高等职业技术院校都开设英语专业。高职英语专业与普通高校英语专业有着密切的关联，但是它们又各具特色，不尽相同。

高职英语专业与普通高校英语专业在教学层次上存在显著差异。高职英语专业学生在入学时，认知英语单词与高职非英语专业学生基本相同，为 1000 ~ 1600 个；而普通高校英语专业的学生入学时，已掌握了不少于 2000 个单词。学习者的起点不同，教学要求也不同。在教学任务完成时，学生在听、说、读、写、译各方面所达到的程度也大不相同。大部分普通高校英语专业要求学生通过全国英语专业四级和八级统一考试，而对高职英语专业学生却没有做统一要求。不同的高职院校对英语专业的学生有不同的要求，有的要求通过全国统一的非英语专业四级或六级考试；有的学校要求通过全国英语能力 A 级考试；也有的学校鼓励学生参加国际语言考试，如 TOEFL、IELTS 等，并设定一定的分数线以获取毕业资格。

除了教学要求不同外，高职英语专业与普通高校英语专业在教学目的上也大不相同。对国内 10 余所高校所开设的英语专业调研发现，它们的专业培养目标大同小异，基本上都是"培养通晓英语语言及英美国家文学、社会、历史，能在外事、文化、新闻出版、教育、科研、经贸、旅游等部门从事翻译、研究、教学、管理工作的英语高级专门人才"。由以上目标不难看出，常规的本科英语专业培养的是通用型外语人才，没有针对社会某些相对固定的岗位（群）需要而设定人才的培养规格，英语对毕业生将来从事的工作岗位来说只是一门工具。在课程设置上，以学科的理论体系为框架设置课程，组织教学，强调知识的系统性、完整性。普通院校的本科英语专业沿袭传统的"公共基础课英语语言课"的套路，语言类课程主要有英语精读、口语、英语语法、英语写作、西方文化、笔译、口译、英美文学、跨文化交际、英国文学、美国文学、英语语言学、英语词汇学、英语修辞学、英美诗歌赏析等。在课堂教学中，教师仍然是"主角"，学生只是匆匆记录，课堂秩序良好，整个教学过程鸦雀无声，没有任何来自学生的声音，学生学到的是大量的理论知识，学生所做的也只是记录和记忆。学生的教学实践活动主要是社会实践、教学与翻译实习。高职高专英语专业中设立的"应用英语""商务英语""旅游英语"和"英语教育"四个英语专业与普通本科院校的英语专业在培养目标、人才培养模式、社会就业等方面有很大的差别。经过调查发现，大部分高职英语专业的培养目标是"培养德智体美全面发展，具有较高层次的，具有较扎实的英语语言功底和较强的英语交际能力，具备一定的专业基础知识和业务能力，能运用英语从事商务活动、外事活动、旅游接待、英语教育等工作的高等应用型专业人才"。从培养目标中可以看出：高职英语专业培养的人才已经将商务、外事（应用）、旅游、教育等专业与英语有机结合，其培养的人才具有较强的岗位针对性。高职英语人才由原来的通用型人才，变成了目前的应用型人才。在课程设置上，以职业综合能力为中心，以岗位（群）所必备的知识、能力和品格为依据开发课程，课程内容突出适合性和针对性。英语基础课以"必需、够用"为度，强调教学以技能实践和实用训练为主。大部分高职英语专业课程采用综合的形式，课程主要由英语、专业和综合实训三部分构成。而且为了突出专业和英语两个强项，在课程构成上英语课程和专业课程都占了相当大的比例，学生在这两方面达到"了解总体、掌握基本、简单操作"的水平。高职英语专业学生对于所学知识的要求是"实用为主、够用为度"；所开设的主要课程除了综合英语、英语听说、口语、听力等英语课程外，还开设了大量的专业课程和综合实训课程，如商务英语专业开设了商务英语、国际贸易实务、国际金融、商务模拟、商务文秘等专业和实训课程。在教学方法上，大部分高职院校的英语专业都注重学生英语交际技能、专业应用和业务能力的培养。课堂上除了传授知识外，还加强了课堂的互动。课堂教学的主体由原来的教师变成了现在的学生，教、学、做合一，手、脑、机并用。学生的教学实践需求得到了充分满足，无论在课堂教学中还是在实训室，学生都有大量的机会开展操练和实训。除此之外，大部分高职院校还安排学生定期到企业实习、到交易会等场所进行业务实习，以加强学生的动口、动手能力。从目前的就业状况来看，高职英语专业的培养定位主要是涉外型或外资型公司的文员、秘书、外贸业务人员等。高职英语专业学生除了毕业证（学历证）以外，还持有各类职业资格证书,可谓是资格证书和学历文凭并重。学生就业心态较好、社会需求旺盛,高职英语专业的毕业生供不应求。

从以上分析可以看出,高职英语专业和普通高校英语专业在某些方面有共同之处,如开设的某些课程,但是从培养目标、课程设置、教学方法和教学安排等多方面,高职英语专业弥补了传统本科英语专业课程单一的不足,为学生拓宽了知识领域和发展空间,针对学生的技能培养增加了大量的实训,有利于学生将所学知识融会贯通,有利于学生应用能力、实用能力的培养与提高,有利于培养基础扎实、机智灵活、求实创新的新时代复合型、应用型人才。

二、高职英语专业社会需求

普通高校专业建设的一般指导思想是"以学科建设为基础、以基础学科专业为依托、以社会需求为导向、以课程建设为核心",专业建设中尤为注重学科的建设和发展,这与它主要培养理论型、研究型人才的培养目标是相契合的。相对而言,高职教育专业具有更大的可变性和开放性,更容易受到市场变化的影响,这主要是由于高职教育培养的是高等应用型技术人才和管理人才。较之理论型、研究型人才,这类人才与一定区域的市场、职业、行业、产业、技术等有着更直接、更紧密的关联,其专业具有较强的职业定向性和针对性,其专业设置是以市场需求为导向的。所谓以市场需求为导向,就是面向区域和地方经济发展,面向生产、服务与管理第一线设置专业,将当地产业结构和社会人才需求的变化趋势作为确定专业体系主体框架的依据。高职教育的专业设置与专业结构,虽然不能完全准确地反映社会的职业需求,但高职教育的专业类别与设置越来越贴近经济社会的需求,大体上反映出了产业结构调整和社会职业需求的变化趋势。从另一个方面来看,社会对人才的需求决定了高职各类专业的生存和发展。高职英语专业也不例外。

互联网上大多用英语进行对话;国际电话中的交谈,有85%是用英语进行的;全球3/4的邮件、电传和电报用的也是英语;英语更是国际商务活动中使用的通用语言。外企大量涌进中国市场,同样中国企业也将走向世界。本来就很走俏的英语专业人才,必然备受青睐。因此,国际贸易、外语类专业需求增幅较大。经济活动频繁,很多企业急需大批精通外语、贸易、法律的复合型谈判人才,这也是外语专业毕业生普遍看好的发展方向。从社会需求上看,许多政府部门、国际组织、外企和跨国公司以及大型国有企业与高科技公司对复合型英语人才的需求量非常大。中国加入WTO后对外语人才的需求在数量、质量、种类及层次等方面均提出了更高、更多的要求,需要相关人才具有深厚的语言文化基础、纯正的英语语音语调、系统的相关专业知识,具有用英语流利地进行国际交流和在对外贸易活动中的笔译能力，并能独立从事对外贸易、外事、交际、旅游等业务工作，单一的阅读型和语言技能型人才已远远不能满足社会的需求。

三、高职英语教师现状分析

（一）教师最后毕业院校：师范类和非师范类

教师是否有师范类院校学习经历反映在师资队伍建设中的一个突出问题是：非师范类院校本科或者研究生毕业生，在学校读书期间没有接受任何形式的教学方法培训，没有进行系统的教育心理学课程和教育理论的学习，没有教育实习经验，毕业后就到职业技术院校任教。他们到了英语教学岗位，教学活动大多凭自己的感觉，一切凭自己摸索，实施教学。在和这类教师交谈时，多数教师反映说，"我的老师是怎么教我，我也怎么教学生"。因此，职业技术院校在师资队伍建设中面临一个重要的任务，就是建立针对年轻教师的"传帮带"机制，帮助年轻教师熟悉并掌握英语教学规律和特点。

（二）入职前工作经验：教学经验丰富，实践经验较欠缺

从企事业单位引进有实践经验的英语人才，是职业技术院校英语专业建设"双师型"英语教师队伍的有效措施。随着教师职业准入制度的进一步完善和深化，这部分教师的数量必将越来越多。

高等教育大众化和社会对应用型、复合型人才的需求必然引发起我国高等职业技术教育的快速增长，职业技术学院英语教育也将高速发展。伴随英语教育规模的进一步扩大，师资队伍建设问题也日益突出。从目前职业技术院校英语教师的来源上看，主要是普通高等院校毕业的本科生、研究生和企业、事业单位具有实际工作经验的英语专业人员，有一些经济实力比较强的院校通过特殊政策吸引博士研究生，或者聘请其他院校的优秀教师兼职任教。对于大多数高职院校来说，加强英语师资队伍建设，尽快提高教师的职称、学历、教学水平和科研水平以及实践能力，并使他们快速适应职业技术英语教育需要和教学要求是当务之急。

第二节 现代高职英语专业教学模式分析

进入 21 世纪以来，中国高等职业教育得到了飞速发展，但也面临着越来越多的问题和挑战。在短短几年内，高职教育领域出现了从课堂教学实践经验到理论体系建构的百家争鸣，为丰富高职教育的理论、促进高职教育的更大发展做出了巨大贡献。

作为高职教育的重要组成部分，高职英语学科教育也在这种繁荣昌盛中迅速壮大起来。在广大高职英语工作者的共同努力下，在高等教育出版社、外语教学与研究出版社和上海外语教育出版社等一流出版社的大力配合下，全国出现了数套具有较大影响力的高职英语教材，如《实用英语》《希望英语》《新世纪英语》等，有关高职院校英语教学方法的探讨也如雨后春笋般不断涌现，涉及高职大学英语的目标定位、教学方法、教材编写和选用、学习策略研究等多个方面。然而，在高职英语教育领域理论与实践百花齐放的同时也出现了一些令人困惑的现象，归纳起来，主要有以下几种：高职英语专业研究的力度较弱；在英语教学理论依据中英语作为外语与英语作为二语的区别不明显；在英语教学理论探讨上，教学模式与教学方法等术语混用趋势明显。

在上述现象之中，第一种有待全体高职英语界同人，尤其是需要高职英语专业教师长期不懈地努力与耕耘，绝非一朝一夕之功。后两种则是目前高职英语，乃至整个英语教学领域普遍存在的现象。

一、教学模式的定义

在教育学理论体系中，教学模式也许是较有歧义的术语之一。人们但凡论及教育教学，都会涉及教学模式一词。尽管该词在各种期刊和专著中具有很高的曝光率，但学术界至今也未能对其做出一个占主导地位的定义，更多的只是各家各派的理解和诠释。

研究教学模式，有必要先对"模式"做一番语义分析。据查有梁先生基于各大权威辞书的考证，"模式"一词源于"模型"，最初指实物模型，后发展为指非实物模型。非实物模型的最初应用是在数学领域，即数学模型，指用数学符号抽象地表现实际问题，"数学建模"如今已经发展成一种专门学科。非实物模型拓展应用于人文社科领域后，即成为人们常说的各种"模式"，如"文化模式""教育模式""经济模式"等，它是用文字或图解对非实物现象进行一种抽象的说明或描述。模式与理论联系密切，可从理论中来，也可发展为理论。从中文语义上看，"模式"广于"模型"，而其对应的英文则一般用"model"，而非"pattern"，尽管如今两词在翻译上有混用的趋势。

在教育领域，一般公认美国哥伦比亚大学的乔伊斯和威尔等人是最早从事教学模式研究的学者。他们在《教学模式》中引用杜威对教学的定义——"教学是环境的设计"，认为教学模式是"对学习环境（包括模式使用时教师行为）的描述，可用于设计课程、教案、教材（包括多媒体材料）等诸多方面"。在此基础上，他们提出信息加工型、社会型、个人型和行为系统型四大类别以及 10 多种教学模式。

二、中国英语教学的特殊背景

有研究者在统计 1999—2003 年 7 种外语类核心期刊关于大学英语教学模式的文章时发现，真正属于教学模式层次论文的数量太少，无统计分析意义，故将教学方法的论文一并纳入统计范围。这一统计默认（因没有具体界定）的前提似乎是教学模式不同于教学方法，但其实际做法却将二者画了等号。这一表象的模糊实质上只是我国外语教学理论纷争的冰山一角，以下举出两种影响更为深远的现象。

我国关于英语教学的学科归属的争议由来已久，并且是有着世界背景的。研究表明，早在 20 世纪 70 年代末和 80 年代初国内外就已开始讨论语言教学与语言学的关系问题。一部分国外研究者从跨学科的角度对外语教学进行了大量的理论探索，反对将外语教学划归为语言学，并在此基础上提出了各种跨学科性的语言教育模式。

相对于国外的研究而言，"中国英语教学有一种深沉的语言学情结"，具体说是从 20 世纪 80 年代开始一批应用语言学研究者将外语教学划归语言学的分支——应用语言学的范畴。例如桂诗春指出"中国外语教育的发展有赖于我国应用语言学研究的发展"。

当然，对此也不乏反对意见，国内研究者中，章兼中教授综合国外的理论，结合我国语言教育的实践，提出语言教育的完整体系是由宏观的教育政策及其跨学科的基础理论、中观的语言教育理论与应用、微观的语言教育实践三个层面构成。夏纪梅在论及外语教学的学科属性时也认为"不宜把外语教学划归语言学。至少语言学不是外语教学的唯一归属学科，这个结论应当是可以成立的"。这种对语言教学跨学科性质的关注无疑是有利于我国外语教学的理论建设与实践发展的。

三、高职英语专业教学模式的定位

探究我国高职英语专业教学模式必须首先辨析几个概念，或者说理顺几个关系，即普通高校本科英语专业与高职英语专业的关系、通用英语与专门用途英语的关系、教学方法与教学模式的关系等。

（一）本科英语专业与高职英语专业

相对于本科英语专业的成熟经验，我国高职教育整体起步太晚，目前仍处于摸索阶段。近几年，随着经济全球化的深入，我国加大了培养针对一线岗位群的实用型高等人才的力度，高职教育获得了前所未有的发展。然而，从总体上看，除了主要面向非英语专业的《高职高专教育英语课程教学基本要求》（以下简称《基本要求》）之外，我国还没有专门针对高职英语专业的指导性大纲，但我国本科英语专业已经在长期发展的成熟经验的基础上，开始按照"英语+专业知识""英语+专业方向""英语+专业"等模式进行改革，以适应新时代对复合型人才的需求。

（二）通用英语与专门用途英语

我国高等职业教育目前仍处于探索期，关于高职英语教育的国家指导性文件只有教育部高教司颁布的《基本要求》。由于高职院校培养的是技术、生产、管理、服务等领域的高等应用型人才，高职英语的课程教学目的被确定为"使学生掌握一定的英语基础知识和技能，具有一定的听、说、读、写、译的能力，能借助词典阅读和翻译有关英语业务资料，能在涉外交际的日常活动和业务活动中进行简单的口头和书面交流，为今后进一步提高英语的交际能力打下基础"。尽管这一界定仍未明确说明对高职英语专业的具体要求，但作为高职教育的重要组成部分，高职英语专业不可避免地带有高职教育的普遍特性，即与职业岗位群的紧密联系，而这恰好与ESP所涵盖的内容不谋而合。

（三）教学方法与教学模式

结合高职英语教育的实际情况，可以将高职英语专业教学模式界定为由一定数量的子模式群体，分层次构建的一个开放式、发展性的体系，它以一种简化的方式反映高职英语专业建设的方方面面，其中既包含教学各要素及其关系，又体现着教学各阶段、各过程的特点。它是高职英语专业人才培养的一种综合模式，又可具体分为宏观的能力结构子模式群、中观的教学过程子模式群和微观的课堂教学子模式群（课堂教学方法）。

第三节　现代高职英语教育的实用性分析

如果说应用性主要讨论高职英语教育的教学目标，实践性的焦点则在于高职英语教育的教学过程和方法，那么实用性主要涉及的就是高职英语教育的教学内容以及与特定的教学内容相关的一些教学特征。这样，高职英语教育的整体特征便呈现出来。

高职英语的实用性体现在英语教学内容与学习者所学专业的密切相关性以及与学习者将来职业环境下英语交际的明确针对性，表现在以培养学习者学以致用的英语交际能力的终极目标上。所以，在很大程度上，高职英语教学都带有浓重的专门用途英语教学、专业教学法以及任务教学法的色彩——这也构成了高职英语教学与普通英语教学的显著差异。

一、高职英语的两个转变

威多森指出，ESP是与（职业的）活动领域相关的，它代表了学习者的期望。教学法之力量在于语言学习与专业学习方法的结合。因为它不但给以语言学习为驱动的课程设置和杂乱无章、由下而上的教学方法带来了变化,还完成了两个重要转折:教学重点从文本作为语言目标(TALO)向文本作为信息载体(TAVI)的转移;注重过程和实际结果,由语法—功能—意念法到任务法。

(一)TALO 与 TAVI 之差异

托尼列出了 TALO 与 TAVI 在选材、准备活动、文本处理、教学活动以及课外活动方面的差异(表 1.1)。

表 1.1　TALO 与 TAVI 之差异

	TALO	TAVI
选材原则	旨在阐述句子结构;一般性话题;专门写的或修改或重写的;生词受到控制;课文短且划分容易,课文由教师选定	旨在满足学生需求的价值;一定范围的原版课文;通过任务和支持划分难度;课文长短不一,逐渐加长;课文由教师,也可由学生和其他人来选
预习	几乎无某些词汇翻译	总有和发现者指南一样重要,可唤起兴趣,树立目标
课文处理	焦点是语言和新知识,细节和理解,所有句子和词,句法问题	焦点是信息和旧知识,猜生词,意义、功能和形式词之联系
交际类型	教师一言堂;教师为中心;教师问,学生答;教师评价	学生协同实践;角色转换;学生互相质疑、评价;自学模式;学习、学习者为中心

显然,TAVI 在培养学生交际能力、完成高职英语教育目标方面具有很大的优势。成功的学习者注重整篇大意,用猜想和快读的方式学习语言和信息。显然,TAVI 摒弃了由下而上的旧法,代之以由上而下的学习方法,即先以整篇文本为主要信息,后课文结构,再段落,最后才触及句子和词。因为准确、迅速地吸收信息比语言细节更有意义,理解文本的宏观结构先于语言研究,文本中信息的摄入至关重要。

TAVI 的另一特色是突出学生的作用。这主要是因为与学习者有关的两个因素:①专业知识;②与专业领域有关的认知和学习过程。除去语言学习活动,高职英语还涉及大量反映学习者专业领域的活动。

(二)任务法的特点

高职英语教育与任务法有千丝万缕的联系,任务法有如下特点:教学以语言意义为出发点;教学旨在解决一些交际问题;教学活动存在与真实世界的直接关系;优先考虑完成任务;评估标准是结果。

努南建议用任务法来开展课程教学,任务教学法要求学生专注于意义而非形式。他区分了教学任务和真实世界任务:前者指正式的语言学习,如按照教师的指令画一幅画;

后者更加实在，如填工作申请表，它与学生将来要使用语言去做的事有关。努南建议使用三种不同的任务来刺激学生进行互动：①信息差，如找出两幅画中不见的部分；②推理差，如找出一幅画的缺陷；③观点差，如列出你最喜欢的，并说出原因。任务法与高职英语教育已成功地在英语作为二语和外语的教学中相融合，有利于学生交换信息并解决问题，理解意义。

二、高职英语教育的三大焦点

高职英语教育过去 10 年在教学理念、教学模式等方面都有所创新，它目前关注四大焦点问题：以话题为中心；使用原版语言；满足学习需求；培养学生的英语交际能力。

（一）以话题为中心

高职英语教育主张以话题，而非语法项为基准选用教学材料，以使学习者更易学习，从而激发其兴趣，使学习者具有使用新的语言去成功做事的自信和惊喜。课堂实践是一些打破语法系统的、以话题为中心的阅读和实践活动，话题内容不再是对基于语法内容的课程的点缀和补充，而且语法学习须与话题相关联，由话题决定。

语言教育的目标就是避免人为地将专业与语言割裂的倾向。不幸的是，这种割裂存在于许多教学环境中，因为人们错误地认为，学语言等于学语法，意义只能通过翻译、通过第三者传达，学生必须在学习真正的专业之前流利地使用语言。许多人担心，以专业知识为重点的教学会牺牲语言技能的培养。实验证明，语言学习并没有被忽视。在高职英语教育中，语言与专业是相互作用的。

（二）使用原版语言

慎重、有效地将原版材料引入课堂，是高职英语近年来的发展趋势之一。有人担心使用原版语言会给学生增加学习难度，平添畏难情绪；也有人相信，有些词汇和语法项本来就难学，所以应先学。而实际上，分级课文比原版课文给学生带来更多的麻烦，而人工语言课文并不能给学生提供真实的英语交际模式，它缺乏自然的语言冗余，剥夺了学生理解的多重暗示。分级语言和人工语言很难能有效地提高学生的语言能力。

如果材料是精心挑选的，学生又有图式知识做铺垫（相关的语言、专业、文化背景知识），那么，利用专业与上下文相结合的办法去理解信息，学生便会开发其他语境中未知语言的语言处理机制，最终提高英语水平。

高职英语教育的重要部分是如何对课堂活动分级，并运用多种教学策略。比如有效地利用上下文，循环或螺旋式地使用已有信息，利用学生的背景或图式知识，使用协作方式和教学策略等。

（三）满足学习需求

高职英语教育考虑到了学习者的语言、认知和情感上的差异，并帮助他们做出相应调整，满足了其职业和个人的兴趣要求。

1. 语言差异

由于学生个体图式知识的差异，不同学生在语言特征、词汇、语法学习方面存在学习顺序以及内容取舍等方面的差异。有些学生习惯于使用图式知识去推断意义，即猜测；有些对模糊的容忍程度低，对陌生语言的处理策略少，习惯于求助教师、语法书和词典去证实自己的假设，他们更喜欢记忆法。

2. 认知差异

在认知层面，每个学生有不同的学习风格，如有些视觉信息接受能力强，有些听觉学习效果好；有些善于演绎，有些长于归纳；有些注重整体，有些偏好局部；有些善于发现共同点，有些善于比较不同点；有些按顺序处理信息，有些平行处理信息等。一个课堂上的认知差异是无穷的，每一种学习风格都和学习策略有关，每个学生对任何一种教学策略的反应都是不同的。熟悉教学策略，又了解学习风格的教师有得天独厚的优势去帮助学生更好地学习原版专业材料。变换讲解演示方式是应对不同学习风格的基本策略之一。莫汉推出了一种将"经验法"和"说明法"相结合的教学方法，前者指角色扮演、讨论、演示与操母语者交往等，后者包括讲座、读物、讨论及演示等。

3. 情感差异

大多数学生在学习原版材料和真实案例取得成功时都会激发极大的热情，个别则不然：有些习惯于独自学习，有些付出努力就希望得到表扬；有些不喜欢教师的明显纠正，有些得不到纠正则不悦；等等。优秀的教师应随时观察和分析学生的情感需求，争取保持克拉申所说的"低情感过滤者"作用。

在决定教学内容时有学生的参与有极大优点。学生参与选择话题和教学活动可使其有更好的学习动机，并使课程步入更好地满足学生需求的轨道上来。况且，学生被采纳的主题和实践活动创造了一种学生自觉学习的氛围，极大地减轻了教师教学组织的负担，使教师更容易成为"学生学习的管理者"。

（四）培养学生的英语交际能力

广义而言，高职英语教育是语言教育的新坐标，这个新坐标的中心是培养学生的英语交际能力，即在真实条件下与操母语者交际的能力。真正的人际交流是不可能与目的语文化、交际能力之语言以及非语言特征相割裂的。这个概念与高职英语教育有密切关系。因为为了培养高职学生在新的文化背景下生存和工作，显然基于语法能力的教学是无法胜任这一任务的。

　　克拉申指出，外语学习早已超出了纯语言的范畴，更是一项社会的、文化的、历史的猎险。因为它是研究作为社会现实的语言的，所以传统的关于语言与文学、宏观文化与微观文化、语言能力与语言使用、普通教育与职业培训的界定，早已不像先前那样清晰。

　　高职英语教育将会成为最有效的外语教学途径。克拉申和特雷尔将专业性课堂活动称为课堂上有效地向学生提供提高性输入的方式。他们引用了加拿大沉浸式教学法与ESP相结合的例子，通过用目的语学习专业，如学习数学、历史、科学，学生取得了巨大成功，他们声称这种教学的成功缘于学生对信息而非形式的关注；同时，这种教学方式成功地向学生显示了学习英语的优势，高度关注学生在语言学习中的分析和批评能力，鼓励学生继续提高语言技能。

　　高职英语教育模式和方法已经出现在世界范围内，在许多外语教学场合，包括普通大学课程和语言学院课程中，并且不同程度地取得了成功。

第二章　高职英语专业建设

高职院校的目标是培养符合地方要求的技能专业人才，专业建设则是实现该目标的重心。本章介绍了高职专业建设概述，以及商务英语专业、应用英语专业、旅游英语专业、英语教育专业等相关内容。

第一节　高职专业建设概述

从某种意义上来说，办学就是办专业。专业是高职院校人才培养工作具体实施的载体，学生的专业知识和能力的构建是通过专业学习来完成的。专业建设在学校发展中具有举足轻重的地位，其核心内容包括专业设置、人才培养、基地建设、课程改革、工学结合等方面。一所高职院校要想办出特色，就必须把教学条件建设、人才培养模式和教学模式的改革与创新落实在专业建设上。

教育部启动的高职高专人才培养工作水平评估工作，有力地推动了高职院校的办学条件建设和教学内涵建设，使高等职业教育迈上了一个新台阶，也必将继续引领高职教育向纵深发展，其发展的主线就是加强内涵建设。

一、高职专业建设的主要内容

（一）师资队伍建设——专业建设的核心

师资力量是衡量一个学校办学水平高低的决定性因素之一。我国高等职业教育经过30多年的探索与发展，已经初具规模，办学质量也稳步提高。然而，"双师型"师资的严重缺乏，已成为我国高职教育发展的瓶颈。高等职业教育师资队伍建设不能照搬普通高等教育的模式，也不能简单地把中专学校的教师自然地"升格"成高职院校教师。教育主管部门和高职院校应结合高职教育的特点和教学规律与要求，制订师资队伍发展规划，有步骤、分批次地培养、培训适应高职教学需求的合格教师。

（二）课程体系与教材建设——专业建设的基础

课程体系是专业知识和职业能力培养要求的全面体现，课程设置、课时数量及授课顺序等方面是否科学、合理，直接关系到专业培养目标能否顺利实现。课程体系是专业设置时必须首先确定的内容。课程体系的确立要建立在对各个专业所对应的工作岗位群所需要的知识和技能进行充分调研的基础之上。从全面培养人的角度来看，课程体系还要兼顾学生综合素质的提高。教材是专业知识和个人素质、能力培养的物质载体，缺少这一载体，必将影响专业知识传授和专业能力形成的效果。如何使教材符合高职教育的特点与培养目标，仍然是目前乃至今后很长一段时间内高职界应密切关注的问题。

（三）办学条件建设——专业建设的保障

重视实习实训是高职教育的办学特色之一，也是提高高职教育质量的重要环节。实践教学条件的好坏直接关系到学生专业技能培训的质量。高职院校应不断加强实践条件建设——不仅要建设高质量的校内实践基地，还要推行"走出去"战略，设法和企业合作共建校外实习实训基地，增强高职毕业生的社会适应性。

（四）实践教学体系建设——专业建设的重点

强化实践教学，是高等职业教育与普通高等教育的主要区别之一。实践教学体系的建设和完善，制约着教学活动的组织与安排，进而影响专业人才的素质和职业技能的培养。实践教学体系建设在职业教育人才培养系统中具有不可替代的作用。积极探索和改革实践教学的方法与内容，完善实践教学设计，构建体现职业教育特色的实践教学体系，是值得深入探讨和思考的重要问题。要以建立和优化创新人才培养模式为前提，把实践教学改革融入整体教学改革中，不断加强学生知识、能力、素质的综合培养。

二、高职院校专业建设的要素

（一）专业设置要面向区域经济，融入产业要素

所谓专业设置融入产业要素，从中观层面来看，就是教育主管部门在审批专业和调整专业结构时要充分考虑区域主导产业、重点产业、特色产业的发展现状和趋势，合理规划与布局学校专业结构。从微观层面来看，就是学校要走进产业规划部门，学校中层干部和专业带头人要赴地方有关部门挂职，参与产业的调研和规划的制订，开展产业活动分析和课题研究，全面了解产业转型升级的态势与战略趋势，确定与产业发展相适应的重点专业发展规划。

（二）人才培养要针对市场需求，融入行业要素

学校利益要服从国家利益，建立人才培养模式动态调整机制，对于不适应社会需求

发展的专业要及时停办。区域经济转型升级带来结构、布局和支柱产业的变化引发了行业、企业对不同类型的高素质技能型人才的需求。社会需求是人才培养的立足点和结合点，因此，"专业—产业"的关系是建立在"专业—行业"关系之上的。在课程开发中，要注重体现行业发展的要求。

（三）基地建设要构筑工作场景，融入企业要素

高职院校实训中心的建设应在设备选择、物质环境、教学项目设计等方面，体现企业的典型工作任务，体现训练项目的技术含量，体现新技术的发展方向，体现企业的职业氛围，既要不同于研究型大学的实验基地，又要区别于中职教育的操作性实训基地。基地建设既要考虑教学功能，又要兼顾培训、职业技能鉴定和应用技术研发等多种社会服务功能。

（四）课程建设要贴近工作任务，融入职业要素

课程建设的重点是开发以工作任务为导向的项目课程。传统的高职教育课程沿袭了本科教育学科型课程模式，实际上，这种模式已经不能满足现代职业教育的要求。从"以知识为中心"的课程体系到"以工作任务为导向"的课程体系转换并非线性的演绎过程，而是要打破学科型课程结构。新结构课程体系来源于职业岗位，通过工作任务分析，按照岗位主要工作内容以及工作的主次和相关性，确定专业核心和专业课程。

（五）工学结合要对接职业岗位，融入实践要素

工学结合是一种将学习与工作相结合的教育模式。工学结合融入实践要素，就是要求学校在产业、行业、企业的合作框架下，对接企业职业岗位。高职院校要根据专业特点，加强与企业的合作，共建实习实训基地。顶岗实习是高职院校培养学生专业技能的重要环节，学生的实习岗位必须和职业岗位全面对接。还要建立教师到企业锻炼的制度，形成对接机制：一是结合岗位开展企业调研，形成产业转型意识，把握产业发展的新技术要求，结合课程教学，收集工作案例，丰富教学内容；二是参加企业岗位实践活动，丰富工作经历，提升教学能力；三是教师带项目到企业或参与企业技术改造和新项目开发，提升科研能力。

三、高职英语专业的人才培养目标及专业特色

（一）高职英语专业的人才培养目标

高职教育英语专业的培养目标是培养具有较强的英语听、说、读、写、译等综合技能，具有较广泛的跨文化知识、较实用的专业知识和熟练的电脑运用技能，并能在外事、

经贸、文化、教育、旅游等部门从事翻译、外贸实务、导游、办公室管理和涉外文秘等工作的高技能型人才。

（二）高职英语的专业特色

高职英语专业有别于普通高校的英语专业，其专业面向和职业岗位联系密切，课程内容和职业资格证书全面接轨，具有明显的职业性特征。在具体教学中，突出实践教学，以满足涉外管理和服务领域对人才的特殊需求，强调"宽基础、强能力、广适应"是高职英语专业的办学方向。在高职教育体系中，实践教学具有与理论教学同等重要的作用。它是通过认知实习、专业实践、顶岗实习等一系列有目的、有计划、有组织的教学活动，实现学生书本知识、职业技能和未来职业岗位对接的教学形式——既包括对学生涉外管理、服务知识和技能的传授，又包括对学生职业意识的培养，还包括对企业经营管理环境的熟悉以及对经营活动中所涉及的人际关系的了解，等等。

第二节　商务英语专业

一、商务英语专业定位

商务英语专业是一门复合型专业，涉及的内容非常广泛。"商务"是个宽泛的概念，它是指围绕贸易、投资等开展的各类经济、公务和社会活动，具体包括贸易、金融、管理、营销、旅游、法律、物流、海事等很多方面。高职商务英语专业不可能面面俱到，所以，为商务英语专业设定一个具体的方向非常有必要。不同学校可以根据社会需要和自身特点设立不同的专业方向（如空中乘务、国际贸易、国际金融、国际营销、电子商务等）。

高职商务英语专业的人才培养目标必须符合高职学生的水平特征，坚持"实用为主，够用为度"的原则，面向企业的中低端人才需求，培养实践能力强、理论知识够用的技能型人才。比如外贸业务员、进出口贸易单证员、报关员、外销员等。

二、高职商务英语专业的现状与问题

在全球经济大潮的推动下，英语在世界经贸交往中的重要性日益显现，商务英语也越来越受到重视，人们渐渐认识到在经济贸易领域与各国企业、客户进行有效的沟通和交往，仅仅依靠通用英语是远远不够的。为顺应这一需求，商务英语开始"独立"，逐渐发展成为一门新兴的学科。即便是在以英语为母语的国家，许多高等院校也都开设了商务英语课程。在英国，牛津大学、剑桥大学向全世界推出了国际性商务英语考试；在美国，哈佛大学、斯坦福大学、伯克利大学等著名院校都开设了商务英语课程，普林斯顿大学还成立了以商务英语为核心的国际交易英语考试中心，商务英语受到了越来越多人的青睐。在我国，随着改革开放的深入发展，特别是在中国加入世界贸易组织后，越来越多的外国大企业来中国设立分公司，中国企业参与的国际交往活动日益繁多，对于商务英语专业毕业生的需求量呈递增态势，这给商务英语专业的发展创造了良好的外部环境。

据不完全统计，全国已有近700所高校开办了商务英语专业，其中绝大多数是高职院校。然而，对于众多高职院校来说，商务英语专业仍处于起步和探索阶段。

三、高职商务英语专业的建设思路

（一）加快师资队伍建设，提高教学水平

促进商务英语专业的发展必须有一支具有扎实英语语言功底、丰富的商务知识、一定的商务实践经验和较强实践指导能力的稳定的教师队伍。

（二）更新教学理念，加强对学生综合能力的培养

针对商务英语目的性和实践性强的特点，在注重对学生英语语言能力培养的同时，应强化学生对商务知识的系统掌握和灵活运用，不能忽视对学生综合素质的培养。

（三）确立正确的教学目标，优化课程设置

培养具有较为扎实的英语语言基础和英语应用能力、拥有丰富的商务知识和各种商务实战技能的复合型人才，是当前商务英语教学的核心目标。因此，既要强调英语语言课程的设置，又要重视商务知识课程的设置和拓展，增强学生对实际工作的适应能力。

（四）探索新的教学方法，建立新的教学模式

为了适应经济社会发展对商务英语人才需求的变化，商务英语的教学模式必须由"以教师为中心"向"以学生为中心"转变。

（五）选用优秀教材，提升教学层次

教材是体现教学理念、内容、方式的载体，选用优秀教材在商务英语教学中至关重要。教师在选择教材时，应注意教材的内容要富有时代性，紧跟现代商务活动发展的步伐。

第三节 应用英语专业

一、高职应用英语专业现状分析

在高职英语类的四个专业中,"应用英语"这一名称最为贴近高职教育的办学特点,但是由于报考者无法一眼看出专业的内涵与培养方向,选择这一专业的学生相对较少。实际上,设立这一专业的初衷,是试图将除了商贸(商务英语)、旅游(旅游英语)和教育(英语教育)方向以外的其他所有领域"一网打尽"。就目前开设应用英语专业的高职院校来看,专业方向可谓"名目繁多",有的学校甚至开设应用英语(商务方向)、应用英语(旅游方向),与商务英语专业和旅游英语专业"不分彼此"。照此来看,高职英语类专业只要统称应用英语就行了。显然,有些高职院校对英语类专业的类别划分还没有完全界定清楚。

与本科院校选拔高考英语成绩优秀的学生进入英语专业学习不同,大多数专科院校对应用英语专业学生的英语基础并没有特殊要求,许多学生在入学时英语并不占优势,有些甚至英语基础很差,缺乏学习英语的兴趣和信心。高职学生在校学习时间短,除了提高语言技能外,还要学习其他(如旅游、商务、文秘等)专业知识,学习负担重,很容易导致英语基本功不扎实、专业知识薄弱,造成就业困难,找不到对口工作的后果。随着生源质量的下滑,在高职院校,英语专业的地位迅速下降,甚至成了"弃之可惜,食之无味"的鸡肋。开设应用英语专业虽然适应了市场需求,但教学效能低的现状仍旧存在,盲目招收学生只会造成人力资源的巨大浪费,违背发展高等职业教育的初衷。高职应用英语专业乃至高职所有英语类专业如何走出困境、持续发展是目前摆在我们面前的一个亟待解决的现实问题。

二、应用英语专业建设的实施途径

(一)师资优化

目前,高职应用英语专业的教师大都是英语语言文学专业出身,知识结构单一,不能满足人才培养的需要。为了弥补现有师资力量的不足,高职院校应积极聘请行业、企业专家来校上课或定期举办讲座。还要有计划地安排专职英语教师到企业锻炼,在真实的环境中体验、了解和熟悉工作岗位对知识技能的需求情况,创造条件与企业专家一起开发企业所需课程，共同制定教学大纲，确定教学内容。

（二）课程融合

将英语语言课程与外事、酒店（管理）、行政办公及商务文员方面所需要的知识技能模块课程进行融合。基础阶段以培养英语基本技能为目标，在此阶段主要的课程是英语听、说、读、写四项技能，然后逐渐融合不同岗位的职业技能。

（三）基地建设

应用英语专业学生应具有某一行业的实际操作能力，高职院校必须走校企合作之路，为培养学生的"实战"能力提供支撑。由于应用英语专业毕业生的社会需求面广而分散，以及学生的就业意向多元性的特点，校外实习实训基地的建设至关重要，而且要有一定的数量和不同的行业，以满足顶岗实习的需要。

（四）分向选课

从大二开始，根据应用英语专业学生的就业意向，在教师指导下，跨专业选择有关职业领域的知识性课程和专业技能实训。与其他系部协商，把学生嵌入其他班级跟班听课学习。在第二学年结束后，根据学生的就业意向，安排他们到星级酒店、外贸企业等单位进行分流顶岗实习。

（五）项目教学

项目教学是指师生通过共同实施一个完整的项目进行的教学活动。就应用英语专业而言，以学习小组为单位让学生对涉外企事业工作活动展开调查，对其活动性质、内容、目标进行考察并对涉外事务的中英文资料进行采集。教师应不断地进行教学改革探索，倡导师生之间积极互助、合作探究与共同发展。

第四节　旅游英语专业

有着"朝阳产业"美誉的旅游业在我国国民经济发展中发挥着非常重要的作用，是21世纪较有前途的产业之一。中国加入WTO（世界贸易组织）后，旅游业更是平添了几分新的活力。2008年8月北京奥运会的成功举办，越来越多的外国游客纷至沓来，中国旅游市场的境外游客数量大幅增加。据世界旅游组织预测，2022年，中国将成为世界上第四大旅游目的地国家，这就需要旅游服务行业具有足够的人才。高职旅游英语专业是这类人才培养的重要基地，但是目前高职院校旅游英语专业的建设还很难适应涉外旅游市场的需要。因此，要加大改革的力度，特别是要加强实践环节的教学，以体现职业院校的特色，使高职旅游英语专业人才具备扎实的外语语言基本功和合格的职业技能，并具有一定的创新意识，为我国经济的发展做出应有的贡献。

一、高职旅游英语专业的人才培养目标和特点

旅游英语专业是培养具有较高英语水平及旅游管理专业知识，熟悉中外历史文化，了解旅游经济规律、市场营销策略和旅游法规，具有良好沟通能力和组织能力，能以英语为工具从事旅游工作，且具有一定实践能力和创新精神的实用型、技能型人才。

高职旅游英语专业的目标就是培养具有扎实英语语言基本功和合格的涉外旅游技能的高技能型人才，包括英语导游、涉外旅游接待人员等。要求专业的毕业生需要有较高的政治素养和国家、民族意识，还要有一定的跨文化意识，了解客源地国家的风俗文化。另外，毕业生还须具备创新意识，能灵活地处理突发事件和应对外国客人提出的要求。旅游服务业本身就充满变化，涉外旅游工作中更是有许多可变的因素，旅游服务人员必须具备较高的综合素质和较强的应变能力，才能适应工作需要。

二、高职旅游英语专业存在的问题

（一）培养目标不具体，订单式培养难以落实

高职院校开设的旅游英语专业培养方向主要是英语导游和为涉外旅游服务。但是，对于究竟要把学生培养成具有哪种素质、哪种能力的人才，目前还缺乏统一的标准。另外，体现高职院校办学特色的"订单式"培养方案难以真正落到实处，学校和企业在合作的过程中难以达成默契，这往往导致企业需要的人才学校没有培养出来，学校培养的人才不能零距离地对接企业岗位需求。

（二）课程体系重理论轻实践，不能学以致用

根据研究者的调查，高职旅游英语专业课程体系中重理论、轻实践的现象十分严重。教学重点还是放在提高学生英语语言能力方面，过于强调学生语言的规范性，缺乏足够的外语语言实践。课程体系中虽然也安排了一些实训课，但由于条件限制，往往是走走过场，流于形式；即便开展了英语实践活动，也很少围绕旅游业务话题展开，这就使得学生在校期间难以学到适应涉外旅游岗位需要的技能。

（三）忽视学生非智力因素的培养

旅游服务行业的从业人员必须有良好的人际交往、沟通能力，尤其是涉外旅游，服务对象涉及外国友人，更需要从业人员有较高的"情绪智力"，即情商。在高职教育阶段，学生都已成人，高职院校往往忽视了对学生非智力因素的培养，错误地认为这些

非智力因素的培养是中小学阶段的任务,课程教学中对学生的非智力因素培养方面往往关注较少。

(四)忽视学生创新意识和创新能力的培养

日常教学中,多年沿用一成不变的教学方法和手段,遵从传统的教育理念,传授传统知识;对学生的评价标准也是采用比较单一的模式,很少关注学生创新意识和创新能力的培养,以至于学生毕业后走上工作岗位时很难适应千变万化的市场需求。

(五)师资队伍建设滞后,教学质量难以保证

承担高职旅游英语专业教学任务的大部分教师都是学习"纯语言"出身,缺乏到旅游行业体验的机会,具备涉外旅游技能的教师严重不足。由于工作负担重,很少有机会外出进修,教师所拥有的知识体系往往与现实情况脱节,落后于时代发展。

三、高职旅游英语专业人才的培养途径

高职院校培养的是从事生产、服务、管理等工作第一线的应用型人才,这就决定了高职旅游英语专业要把学生培养成"用得上,吃得开"的英语导游和涉外旅游服务人员。基于这样的要求,目前旅游英语专业教学中存在的问题应该从以下几方面来进行改革:

(一)合理设置课程,优化课堂教学

高职旅游英语专业的课程体系和内容有其自身特点,课程内容要具有职业导向性。高职旅游英语专业的目标应定位在培养掌握旅游专业知识,具备英语听、说、读、写、译综合技能,尤其是口语交际能力的旅游英语人才上。课程设置应在重视对学生语言运用能力培养的基础上,确立以旅游职业岗位知识、技能为重点,以培养应用型人才为目标的原则。从旅游市场的需求及毕业生的反馈信息来看,相当一部分学生的英语口语水平无法达到涉外旅游企业的要求。因此,应加大听、说技能的培训力度,口语课必须贯穿整个培养过程的始终;尽可能地聘请来自英、美等国的外教担任口语课教师,让学生能够接受纯正的英语口语训练;在课堂教学方面坚持把理论知识把握在"够用"的范围之内,强化英语导游、旅游服务等课程的情景模拟训练。

(二)加强实践教学,落实培养目标

旅游英语专业要突出岗位技能的培养。改变传统的教学模式,把课堂教学和实践教学有机结合,尽可能地突出学习者的参与性、教学内容的实用性、教师作用的指导性以及教学方式的实践性,其核心是发挥学生的主体作用。通过组织有效的校内外活动来调动学习者的主动性和积极性,增强教与学的互动性。校内实践活动包括英语角、英语沙

龙、英语演讲比赛、英语辩论赛、校园模拟英语导游等活动；校外实践就是和涉外旅游企业合作，让学生跟随外国旅游团在资深英语导游的指导下，亲身体验英语导游活动，或者到涉外旅游服务机构实习，与外国客人面对面地沟通，锻炼和培养学生的外语能力和职业意识。

（三）强化学生服务意识的培养

高职旅游英语专业培养的人才服务于第一线，直接面对外国游客，他们也是外国朋友了解中国、认识中华民族的一扇窗口。因此，毕业生除了要有扎实的业务功底和熟练的工作技能外，还需要具备较高的情商。非智力因素在其所从事的涉外导游和旅游服务工作中非常重要，它要求工作中诚实守信、热情大方、乐于助人、吃苦耐劳。要把"我为人人，人人为我"的服务意识根植于学生的脑海之中，必须在课堂上、活动中切合实际地引导他们，使他们热爱以优质服务为宗旨的涉外旅游服务工作岗位。旅游业重点是优质服务，具有良好的服务意识是创立优质服务品牌的前提和基础，是行业发展的根本。

（四）重视学生创新能力的培养

旅游服务业是一个充满活力、充满挑战的行业。客源来自五湖四海，文化背景多种多样，服务方式更是动态变化的，旅游业呼唤创新型人才。创新能力隐藏在每个学生身上，只有在适宜的条件和环境下才会被激活。在日常教学中，要采用多种方法来启发和激活学生的创新意识和潜能，如组织外语演讲比赛、外语辩论赛、话题讨论、个人主题报告、讲故事、项目策划等活动。案例教学也是培养学生创新意识的重要途径，通过分析成功或失败的涉外旅游服务案例，让学生从案例的解决方案中体会到创新的必要性，享受创新的乐趣，激发他们的创新热情。创新服务内容，在服务中再创新是旅游服务行业永恒的话题。

（五）注重"双师型"教师队伍建设

旅游英语专业的特点要求教师不仅要有扎实的外语语言功底，更要具备与行业有关的业务知识与基本技能，即"旅游＋英语"的复合教学能力，也就是"双师素质"。由于旅游专业是应用性、实践性很强的专业，培养"双师型"师资队伍，提高教师的复合教学能力是非常重要的。"双师型"教师能很好地把握知识传授、能力培养和实际工作需要之间的关系，能敏锐地抓住行业发展的动向，使教学更加贴近实际，使毕业生迅速胜任岗位需要。高职院校要加强对现有教师的培训，有计划地安排旅游英语专业教师到旅游企业顶岗实习，掌握实际技能。还要聘请涉外旅游企业高管来学校为教师提供短期培训，讲授涉外旅游市场的最新动态，或者到校兼职担任实践课教学任务，直接对学生进行实际工作技能培训。

（六）结合地方特色，开发校本教材

结合地方旅游资源的特色，开发校本教材，也是职业教育服务地方经济的体现。校本教材能激发学生学习的热情和求知欲望，也能为实习实训工作提供便利。校本教材应该与时俱进、动态建设，在使用过程中不断丰富和完善。

高职旅游英语专业是发展前景广阔、需要不断改革和创新的朝阳专业。我们要开门办学，向行业学习，向市场学习，注重来自旅游行业第一线的信息，把课程设置、教学理念、教学方法、校本教材建设、教师专业发展等工作置于动态发展的环境中去思考。我们既要抓好外语语言基础教学，又要抓好旅游专业的技能培养，加大实践性教学改革的力度，实施全人教育的教育理念，培养出涉外旅游服务业所需要的高素质、技能型人才。

第五节　英语教育专业

从2003年开始，随着中等师范学校的逐渐停办和转型，我国基本实现了三级师范向二级师范的过渡。目前，全国只剩下为数不多的高等师范专科学校、高等职业院校和部分具有师范背景的新升格本科院校开设大专层次的英语教育专业（从1998年开始，教育部颁布的普通高等学校本科专业目录中已经取消了英语教育专业），随着本科院校师范类专业的扩招以及社会对小学教师学历和素质提出的更高要求，专科层次院校培养小学英语教师的使命可能在不久的将来就会结束。但是，由于各地区教育发展的不平衡，在一段时间内，中西部省份的一些基础教育欠发达地区对专科层次的小学英语教师还有一定数量的需求。此外，社会上的民营教育培训机构每年也要吸纳一批英语教育专业的毕业生。对于报考高职高专院校的学生来说，英语教育依然是具有较大吸引力的热门专业之一。随着教育理念的更新和现代教育教学技术的发展，基础英语教育迅速发展，给承担小学英语师资培养任务的师范院校英语教育专业带来了极大的挑战。

一、基础英语教学的发展趋势

（一）教学目标多元化

传统英语学习只是"为了学语言而学语言"，割裂了语言学习与知识建构及情商培养之间的关系，没有充分注重学生的身心特点，易导致学生各项能力的畸形发展。

（二）教学模式多样化

以往的教学模式以单一的"传授接受式"为主。该模式过于程式化，把知识和语言

的学习分离，与高职学生特点脱节，也与学生发展的整体性相背离，因而不能有效地发展学生的语言能力。

（三）课程评价多元化

从单一的针对语言知识掌握程度的知识性测试向关注学生综合运用语言能力的多样化评价方式转变，从单一的终结性评价向与形成性评价相结合的评价方式转变，关注学生在学习过程中的态度、参与的积极性、努力的程度、交流的能力及合作的精神等。

（四）课堂教学全英化

英语教学中应尽量避免母语在学习中产生的"负迁移"作用，在英语课堂组织教学中尽可能地使用英语，实现课堂英语化，有利于排除对学生母语的依赖和来自母语的干扰。使用全英化教学，可以培养学生的语感，增强学生对英语这门语言的敏感程度。

（五）教学资源多样化

新的英语课程观强调多样性的课程资源对英语学习的意义，强调通过开发和利用课程资源，使学生尽可能多地从不同渠道、以不同形式接触和学习英语；积极地利用和开发其他课程资源，为学生的自主学习创造条件，促进学生的有效学习。

二、英语教育专业的建设思路

（一）制定切实可行的专业建设目标

相对于本科院校的英语专业（教育方向），高职高专院校的英语教育专业建设有其自身的特点。英语教育专业是为了培养适应小学英语教学活动需求的高技能型教育工作者，专业建设目标必须体现"学术性""专科性"和"职业性"三大特点，专业建设内容必须涵盖培养方案、课程建设、师资队伍、评价与考核机制、实践教学体系等涉及人才培养的所有环节。

（二）完善实践教学模式

英语教育是一门实践性很强的专业。实践教学是教师培养体系中极其重要的一个环节，要定期安排学生到小学和幼儿园进行教育教学见习与实践，验证所学的教育理论，在实践中训练和提高教育教学技能，解决所学的教育理论与教育实践之间的脱节、从教后教学经验不足以及教学成效不佳等问题。

（三）重建课程体系

从目前的形势来看，在高职英语类专业中，英语教育专业的就业形势是最为严峻的。其主要原因是普通师范院校每年有大量英语（教育方向）的本科生毕业，他们在语言能力上具有一定的优势，如何扬长避短以使高职英语教育专业在激烈的职场竞争中赢得一席之地，重建英语教育专业的课程体系显得尤为必要，其关键是强化学生的教学实践能力。

（四）改革教学方法与教学模式

课堂教学应以学生为主体、教师为主导，彻底改变过去以教师为中心的教学模式。教师是学生学习过程中的引导者、合作者、鼓励者和咨询者。无论是教育教学技能还是英语专业技能的提高，都要通过大量的练习才能实现。所以，教师应给学生足够的思考时间、活动空间以及表现机会，让学生大胆尝试，创造出一种和谐、民主、愉悦的学习气氛，最大限度地激发学生的学习动机，调动学生学习的积极性，让学生自始至终参与知识掌握和能力形成的全过程。

第三章 高职英语课程设置

高职英语课程设置与高职英语教学改革之间有着密切的关系。高职英语课程设置给予教学改革的影响主要表现在它对拓展教改思路的影响、它对高职院校实践活动安排、对教师执教能力、对学生毕业后继续学习的影响等诸多方面，因此需要对高职英语课程设置做出研究。

第一节 高职课程设置概论

一、什么是课程设置

课程设置是指各级各类学校开设的教学科目、教学课时数及其开设先后顺序的计划和安排的总和。课程设置必须符合培养目标的要求，它是培养目标在课程计划中的集中表现。各门课程之间要衔接有序，使学生通过课程的学习与训练，获得某一专业应具备的知识与技能。

高职教育课程是指高职教育课堂教学、课外学习以及学生自学活动的总体规划。在高职教育的课程设置中，不仅要把对能力形成的课程作为主干课程，还必须把能力形成所必需的相关知识的课程作为辅助课程，使课程设置形成一个完整的系统，使能力的形成有一个丰富的知识背景。

课程设置是高职院校培养高技能型人才的总体规划，是达到培养目标所要求的教学科目及其目的、内容、进度和实现方式等在总体规划中的集中体现。高职教育的课程体系应以就业为导向，以市场需求为基础，根据企业、行业、职业、岗位的要求，设计课程结构体系，要始终围绕学生的工作岗位定位和职业能力的有机衔接，确定能力培养目标，使学生获得职业经验，最终达到就业目的。

职业教育课程应以"职业群"对素质、知识、能力的共同需求为出发点，以职业素质和职业能力培养为主线，在教学中发挥三大功能：促进学生的就业能力；促进学生的智力发展；促进学生的人格完善。

二、高职课程设置的理念与原则

（一）理念

1. 动态性

由于高职院校受经济发展、产业结构和社会需求的影响较大，其能否生存和发展取决于教学内容是否能随社会、经济和技术的发展做出相应的调整。而课程设置直接影响着高职教育的内容。课程设置不能一成不变，应在保持相对稳定的前提下，根据市场发展的动态，预测市场对该行业人才知识、能力和素质结构要求的变化，与时俱进地做出相应调整，使课程设置能够适应市场需求。

2. 整合性

专业课的设置要立足市场经济条件下人才的职业流动性和多岗位就业的实际，着眼于培养学生具有较丰富的专业知识和技能，拓宽专业口径，扩大专业的知识覆盖面，力求"复合"。课程设置要做到科学合理、有机整合、删繁就简，实行模块组合，释放更多的学习空间。

3. 创新性

高职教育要为社会经济服务，适应职业活动特点，满足学生创业立业的要求，必须在课程设置上有所创新，走"专""特""新"的路子。必须以职业为导向，根据社会经济、劳动力市场、岗位职能等对课程的需求，努力开发新的课程体系，实现以创新求发展的思路。

4. 超前性

紧跟时代步伐，贴近市场办学，正确处理现代知识与传统知识的关系、现代技术和传统技术的关系，把握相关专业的最新理论与发展动态，及时更新课程内容，增开新的课程和新的实训项目。努力使课程设置跟上时代步伐和技术发展，充分展现专业的新知识、新技术、新工艺、新方法，打破陈旧的课程内容的束缚。

（二）原则

1. 开放性

开放性要求课程体系的设置具有一定的弹性和灵活的调整机制，能对整个社会的经济、科技的发展与市场需要快速地反应，及时反映社会需求的变化，及时更新课程。

2. 适用性

适用性就是高等职业教育课程的开设方向与职业岗位密切相关。其专业定向贴近社会生产实际和职业分工，以就业岗位所需要的技能做参照，力求"按岗定课""岗课一致"，培养技能应用型人才。

3. 个性化

由于高职院校生源复杂，基础参差不齐，学生在学习过程中表现出较大的个性差异。高职课程设置应充分考虑受教育者当前学习水平的差异和将来多次就业、转岗的需要，根据学生的不同层次、不同爱好设置课程，使其能够按照不同的职业方向个性化成才。

4. 实践性

高职教育的实践性具有智力性和创新性特点，这就要求高职课程设置坚持职业性和应用性，突出职业性技能培养，高度关注认知性实习、专业技能训练、毕业设计、顶岗实习等实践环节，全面增强学生的职业能力和岗位适应性。

三、高职课程设置的特点

美国职业教育研究者柯蒂斯·R.芬奇和约翰·R.克伦基尔顿将职业教育课程的特点归纳为：定向性（Orientation）——直接面向生产或就业；适应性（Justification）——基于特定地区的特定职业需求；针对性（Focus）——直接帮助学生形成丰富的知识、技能和良好的态度与价值观，增强学生的就业能力。国内著名学者姜大源将职业教育课程的特点归纳为以下几种：

（一）定向性

首先，职业教育的培养目标是生产第一线从事操作、服务、管理的应用型人才，必须根据各个职业领域基本职业活动确立课程目标。其次，高职课程体系需要体现地区、行业特色，具有地区、行业定向性。

（二）应用性

课程内容强调直接经验的获得，强调职业技能训练，课程所传授的重点是能在生产、服务中直接应用的知识、技能和态度。

（三）整体性

现代职业教育力图构建一个由课程实施和评价组成的完整的教学活动体系，这种整体性特征实际上是职业活动系统（包括计划、实施、评价）整体性的反映。

高职院校主要的办学目标之一是服务于地方经济，为适应地方经济建设提供具有实际操作能力的技能型人才，区域特色又决定了各个地方经济所需要人才能力的差异性，因此，高职院校没有必要形成带有模式化的课程设置方案。构建各具特色的课程设置才是彰显职业院校办学特色的明智之举。高职院校的课程设置如何进行调整才能更好地服务于区域经济发展，并符合高职院校自身的定位呢？其具有普遍性意义的原则就在于，把专业面向对应的岗位所需要的能力进行分解，作为课程设置的依据和前提。

高职教育要培养服务于地方经济建设、适应企业发展需要的实用型、技能型人才，重点在于使学生掌握工作岗位所需要的技能。因此，能力培养尤其是实际操作能力的培养，是高职院校教学工作的最终目标和任务。在最初进行专业设置论证以及定期修订专业人才培养方案的时候，就要把社会需要的用人规格分解成必需的知识技能支撑模块，并与具体课程对应起来，使高职院校的课程设置完全超越于普通高校的模式化倾向，旗帜鲜明地体现出灵活性和实用性特点。

高职教育具有很强的职业导向性：人才培养的层次明确——培养实用型、技能型应用人才；毕业生今后的工作方向明确——面向基层、面向生产和服务第一线。但多种原因，目前高职院校培养的学生的能力和知识结构还不尽合理，导致部分学生就业能力弱，不能适应社会发展的需要。因此，如何设置符合现代社会需求的高职专业课程，对于提高高职院校的人才培养水平具有重要的现实意义。

四、高职课程设置的要求和依据

课程设置是一项系统工程，目的是为学生构建完整的知识结构和能力结构服务。在高职教育课程设置中，知识结构和能力结构的设计必须合理匹配，不能偏废。按知识结构设置课程，要体现基础理论，突出核心课程，反映出一定的知识覆盖面，为学生的可持续发展服务；按能力结构设置课程，要体现高职教育特色，加强专业技术课程，开发隐性课程，注重培养学生的自学能力、创新能力、创业能力等。

在《关于高等职业学校设置问题的几点意见》中，对高职课程设置的要求是"教学内容主要是成熟的技术和管理规范，教学计划、课程设置不是按学科要求来安排的，而是按适应职业岗位群的职业能力来确定的；基础课可按专业学习要求，以必需和够用为度""实践教学课时一般应占教学计划总课时的50%左右，实训课的开出率在90%以上"。

第二节　高职公共英语课程设置

一、课程设置的理念

杨黎明教授指出："高等职业教育的公共基础课程和普通教育的公共基础课程不尽相

同,高等职业教育的公共基础课程同时承担着双重功能,一方面要为学生人文素养的提升做出贡献,另一方面又要为学生的专业课学习提供支持。"作为培养和造就各类专门人才的重要基础课程,要完成以就业为导向、培养学生面向实际工作岗位的基本技能的根本任务,高职英语课程的设置应该树立以人为本、以能力为本的理念,注重实践技能的培养,为专业服务,面向专业需求;要促进学生在教师指导下主动地学习,使学生成为知识的主动建构者,具有终身学习的能力。

(一)以人为本,因材施教

高职英语课程应本着"以人为本、承认差异、发展个性、着眼未来"的原则,根据学生的英语基础因材施教,在目标设定、教学过程、课程评价和教学资源的开发等方面都突出以学生为主体的思想,尊重学生的个体差异,教学活动有的放矢,真正达到激发学生学习兴趣、提高学生语言能力的目的。

(二)实用为主,够用为度

根据《基本要求》,英语课程本着"实用为主,够用为度"的原则,在教学中正确处理听、说、读、写、译之间的关系,克服高职学生羞于开口的心理障碍,培养学生的语言实际运用能力,为社会培养高素质、高技能的应用型人才。

(三)推行"项目化"与"任务型"

以职业能力为主线、以工作过程为导向、以具体项目为载体,将任务训练贯穿教学全过程。英语课程以培养学生的英语实际应用能力为目标,将职业能力所要求的应知应会内容融入课程中,倡导任务型教学模式,让学生在教师的指导下,通过感知、体验、实践、合作等方式参与课堂活动,调动教师和学生两方面的积极性,真正体现学生的主体地位,发挥教师的主导作用,改善高职英语课程的教学效果。

(四)培养自主学习与终身学习的能力

课堂讲练与自主学习相结合,培养学生的自主学习能力和终身学习能力。高职英语课程必须重视语言学习的规律,强调语言基本技能的训练和培养实际从事涉外交际活动的语言应用能力并重;鼓励学生充分利用有限的业余时间进行自主学习,形成适合自己的英语学习方法,培养自主学习和终身学习的理念能力,为将来的可持续发展提供保障。

二、课程设置的思路

高职英语教学承担着提高学生的英语应用能力、服务专业学习和培养人文素养三大功能。在内容深度上，遵循"以应用为目的，以必需、够用为度"。在内容体系上，按专业需求设计课程模块，模块间互相独立，形成"基础英语＋行业英语"的教学体系。以能力培养为切入点，开发和应用高职英语网络化教学平台，引导学生利用网络平台自主学习、自我提高，使不同层次、不同类型的学生能各得其所、各取其需、各获其益，从而满足高等教育大众化条件下不同智能结构个体的学习需求及专业需求。

课程设置要能体现高职英语的基础作用，为学生的专业学习提供必要的支撑和保障；要能满足不同专业对英语知识和能力的特殊需求，为学生的专业学习服务；要能促进学生英语应用能力的提高，满足学生的个性发展。

具体来说，课程设置要注意以下五个方面：

（一）在课程目标方面

要改变过于注重语言知识传授的倾向，强调在帮助学生获得语言知识、语言技能和综合运用语言能力的同时，发展学生的心智与情感，形成正确的人生态度与价值观，提高学生的综合人文素养。

（二）在课程模式方面

要改变过于注重应试和结构单一的倾向，强调满足不同学生就业选择、升学深造以及个人兴趣和发展的需要，体现英语课程结构的基础性、多样性和选择性。

（三）在课程内容方面

要改变过于注重书本知识的倾向，强调英语课程内容与学生生活、现代社会和科技发展的密切联系，关注学生的学习兴趣和经验，精选终身学习所必备的基础知识和基本技能。

（四）在课程实施方面

要改变过于注重接受性学习和机械性训练的倾向，强调引导学生形成主动参与、乐于探究、勤于动手的学习方式，着重培养学生用英语搜集和处理信息的能力、获取新知识的能力、分析和解决问题的能力以及交流合作的能力。

（五）在课程评价方面

要改变过于注重学业成绩的倾向，强调科学性、鼓励性和发展性等原则，发挥课程评价在促进学生全面发展方面的功能。

这五个改变，归根结底，就是要促进学生知识、能力、态度和情感的和谐发展，使他们成为兼备高尚品德与聪明才干、创新精神与实践能力，具有鲜明个性且善于合作的一代新人。

三、课程定位

（一）课程性质

从提高学生的综合素质来说，英语课无疑是一门不可缺少的基础课；从增强学生的综合职业能力来说，英语课又是一门重要的工具课。针对高职院校学生的英语水平现状，如何进行英语教学改革，如何培养学生的英语能力，如何让英语课程的开设为学生就业拓宽渠道，如何在"以就业为导向，以服务为宗旨"的背景下为加大课程改革力度提供支持，是高职院校亟须研究的重要课题。

高职英语是高等职业教育体系中一门重要的基础课程。英语课程传授必要的语言知识，培养学生使用英语进行人际交往和对外技术交流的能力，指导学生掌握英语自主学习方法，培养他们的逻辑思维能力以及主动学习的意识和合作精神，为培养适应社会需要的高等技术应用型人才服务。学生完成学习任务后，也应具备一定的英语知识和技能，具有较强的阅读能力，能够翻译一般技术性资料，写作常用应用文，并为今后进一步学习和运用英语打下较为扎实的基础。

（二）课程作用

作为高等职业教育的一门公共基础课和专业基础课，高职英语课程的作用有以下几种：

1. 培养学生的语言能力

如何结合各专业的特点，让英语能力成为"一专多能"中的"一专"或者"多能"中的"一能"，这是英语课程改革的方向。高职英语课程的教学改革要努力促进学生英语综合能力特别是交流能力的形成，为学生的发展打好基础。

2. 服务学生的专业学习

使学生在原有英语水平的基础上，进一步提高英语应用能力，掌握本专业和相关专业技术领域职业岗位所必需的英语技能，强化听、说、阅读、翻译等方面的基本能力，使其有效地服务于专业课程的学习。

3. 面向学生的终身发展

从英语课程的基础性出发，提升学生的人文素养，向学生传授思考和处理实际问题的思想和方法，为学生适应未来社会发展提供素质和能力基础，促进学生自主学习、交流表达、自我提高、与人合作、解决问题等核心能力的持续发展。

四、课程教学内容

（一）课程的内容与基本要求

高职英语课程教学应以《基本要求》为依据，在词汇、语法、听力、口语、阅读、写作和翻译等方面达到《基本要求》所规定的指标。根据学生入学时的英语水平，尊重个体差异，实施分层次教学、差异教学，对基础较差的学生可适当增加语法、语音等方面的基础教学内容。在完成规定的教学任务后，学生的英语能力应基本能够达到B级的要求。在实施教育教学的过程中，教师要始终贯彻"培养应用型人才"的教育方针，明确"以应用为目的，实用为主，够用为度"的教学方向，秉承"打好语言基础，培养应用能力"相结合的教学宗旨。

（二）课程的重难点及应对办法

高职英语课程是一门语言基础知识和技能并重的公共基础课，其教学的主要目标在于培养学生的英语综合应用能力，特别是听说能力，使他们在今后的工作和社会交往中能用英语有效地进行口头和书面的信息交流。母语环境下所有外语教学的重点和难点，就是要将难以完全系统化、明晰化的语言知识转化为语言技能。因此，高职英语教学的重点和难点就是促进语言知识向语言技能的迁移，主要应从以下几方面进行探索和实践：

1. 转变教学观念

倡导"以学生为中心、以培养能力为重点，全面提高学生的文化素质"的教学思想，突出学生的参与性、教学内容的实用性和教学方式的实践性。以学生为主体，在关注群体发展目标的同时，重视个体差异，为学生提供个性化的学业帮助。

2. 改革教学模式和方法

通过了解、分析高职学生英语学习的心理特点和学习规律，加强学习方法指导。课堂上调动学生的积极性，鼓励他们参与课堂活动。采用以"学生为中心"的教学模式和方法，安排形式多样的课堂活动，使学生在听、说、读、写、译等方面综合发展。鼓励学生掌握学习方法，转变学习角色，变被动学习为主动学习，参与课内、课外英语学习活动。

3. 改革教学手段

将现代信息技术、多媒体技术和网络技术引入英语教学，可以极大地促进高职英语教学在教学思想、内容、过程和方式等方面的根本变革，有助于培养信息社会所要求的、具有高水平英语语言运用能力的人才。更重要的是，运用多媒体教学手段能增加课堂信息量和学生接触声音、图像的机会，使语言学习更直观，能拓宽学生的视野和知识面，还有利于克服目前存在的应试教育的不良倾向；而利用网络学习平台可以加强师生、学生之间的交流互动，增加学生的语言输出量，提高学生的语言使用能力。

4. 建立有利于英语学习的校园环境

努力创建一种全方位的英语学习环境。在这种环境和氛围中，从大一开始就让学生有计划、有安排、有指导地参与语言学习和语言实践的自主学习和第二课堂活动，使他们有目的地进行语言技能的训练，注意发展自身的某一种或多种技能，把学习过程变成在教师指导下的自我发展过程，为以后进一步的语言运用打下坚实的基础。

（三）实践教学的设计思想与效果

高职英语的主要教学目标就是培养学生运用英语进行交际的能力，它是一门以语言知识习得为基础、以语言能力培养为目标的实践性很强的课程。但由于课时有限，仅仅依靠课堂教学来实现语言知识转化为语言技能的目标显然是不现实的，而且难以得到全面巩固、内化和吸收。因此，高职英语实践教学体系的建立非常重要。

1. 实践教学的设计思想

实践教学的设计要基于学生英语综合应用能力的培养，特别是听、说、译等能力。实践教学的目标在于培养学生的自主学习能力以及提高综合文化素养，以适应我国社会发展和国际交流的需要。实践教学的设计要始终突出学生的主体地位，灵活地运用多种先进的教学方法和教学手段，有效地调动学生的学习积极性，促进学生积极思考，激发学生的潜能，注重对学生知识运用能力的考查。

2. 实践教学的组织形式

实践教学的组织形式有很多，如英语演讲、角色扮演、短剧表演、网上英语讨论、导游实践、英语读书报告会、英语演讲比赛、英语晚会、英语角、英语讲座、社会调查等。

3. 实践教学的效果

丰富多彩的实践教学活动，能为学生创造更多的互动交流的机会，营造良好的英语学习环境与氛围，激发学生学习英语的积极性。通过参加各种实践活动，学生的自主学习能力和语言实际应用能力得到明显提高，还可以培养学生发现问题、分析问题和解决问题的能力。

（四）对学生能力培养的要求

掌握实际使用语言的基本技能，特别是使用英语处理日常和涉外业务活动的能力，能正确处理听、说、读、写、译之间的关系，各项语言能力协调发展。在具体教学中，教师可参照以下内容对学生提出不同的要求：

1. 词汇

A级：认知3400个英语单词（包括入学时要求掌握的1600个单词），以及由这些单词构成的常用词组，对其中3000个左右的单词能正确拼写，英汉互译。学生还应结合专业英语学习，认知400个专业英语词汇。

B级：认知2500个英语单词（包括入学时要求掌握的1000个单词），以及由这些单词构成的常用词组，能正确拼写其中1500个左右的单词，英汉互译。

2. 语法

掌握基本英语语法规则，在听、说、读、写、译中能正确地运用所学的语法知识。

3. 听力

A级：能听懂日常和涉外业务活动中使用的结构简单、发音清楚、语速较慢（每分钟120词左右）的英语对话和不太复杂的陈述，理解基本正确。

B级：能听懂涉及日常交际的结构简单、发音清楚、语速较慢（每分钟110词左右）的英语简短对话和陈述，理解基本正确。

4. 口语

A级：能用英语进行一般的课堂交际，并能在日常和涉外业务活动中进行简单的交流。

B级：掌握一般的课堂用语，并能在日常涉外活动中进行简单的交流。

5. 阅读

A级：能阅读中等难度的一般题材的简短英文资料，理解正确。在阅读生词不超过总词数33%的英文资料时，阅读速度不低于每分钟70词。能读懂通用的简短实用文字材料，如信函、技术说明书、合同等，理解正确。

B级：能阅读中等难度的一般题材的简短英文资料，理解正确。在阅读生词不超过总词数3%的英文资料时，阅读速度不低于每分钟50词。能读懂通用的简短实用文字材料，如信函、产品说明等，理解基本正确。

6. 写作

A级：能就一般性题材，在30分钟内写出80～100词的命题作文；能填写和模拟套写简短的英语应用文，如填写表格与单证，套写简历、通知、信函等，词句基本正确，无重大语法错误，格式恰当，表达清楚。

B级：能运用所学的词汇和语法写出简单的短文；能用英语填写表格，套写便函、简历等，词句基本正确，无重大语法错误，格式基本恰当，表达清楚。

7. 翻译

A级：能借助词典将中等难度的一般题材的文字材料和对外交往中的一般业务文字

材料译成汉语。理解正确，译文达意，格式恰当。在翻译生词不超过总词数5%的实用文字材料时，笔译速度每小时250个英语单词。

B级：能借助词典将中等偏下难度的一般题材的文字材料译成汉语。理解正确，译文达意。

（五）教学方法

高职公共英语课程以课堂教学为主，教师在教学过程中应注重听、说、读、写、译等的结合，根据实际情况采用多种教学方法，使教学生动有趣。教师在教学过程中应注意以下几方面：

1. 处理好基础和能力的关系

打好语言基础是教学的重要目标，但打好基础要遵循"实用为主，够用为度"的原则，强调语言基础和语言应用能力并重。在教学过程中要注意将语言知识的讲授与实践相结合，按照循序渐进的原则，在不同阶段对听、说、读、写、译进行有针对性的训练。

2. 处理好教学和测试的关系

语言测试应着重考核学生实际运用语言的能力，为教学改革和语言学习提供积极的反馈，为提高教学质量提供必要的保证。

3. 关注个体差异

不同专业和不同班级学生的英语基础存在较大差异，由职业高中或中专升入高职院校的学生，基础普遍比高中毕业生弱，理科专业学生的英语基础相对比文科学生弱，艺术类专业的学生基础更为薄弱。在教学中，教师应根据不同班级学生的英语水平因材施教，适当增减教学内容，教学中避免出现"一刀切"的现象，以求达到最佳的教学效果。

4. 突出学生的主体地位

教学过程中，在发挥教师指导作用的同时，应重视学生的主体地位，形成师生互动的双向交流。要调动学生参与课堂活动的积极性和主动性，提高他们学习的自觉性和自信心。要注意面向全体学生，以人为本，因材施教，同时结合语言教学的规律，加强对学生进行素质教育。

5. 采用现代化的教学手段

为了让学生打好语言基础、培养语言运用能力，提高文化素养，在教学过程中教师应以教材为纲，积极采用现代化的教学手段，如录音、录像以及多媒体教学光盘、课件等，形象直观地向学生展示英语在实际交际中的运用，营造良好的英语学习氛围，开展双向或多向交流，进行大量的语言实践训练，提高学生综合运用英语的能力。

第三节　高职英语专业课程设置

一、商务英语

（一）人才培养目标

培养能较为熟练地掌握英语听、说、读、写、译等基本技能，具有一定的跨文化交际能力，能够在涉外商务领域从事管理或服务工作的高技能型人才。为了达到商务英语专业的人才培养目标，满足培养要求，商务英语课程必须科学合理地规划，尤其要注重课程的模块化设置。

（二）课程模块

每一个模块都着重培养学生不同方面的能力与素质，以下是一种最为常见的模块划分方式。

语言知识与技能模块，旨在使学生具备一个英语专业学生必备的听、说、读、写、译等综合语言运用能力。奠定良好的语言基础是体现专业优势的关键。商务知识与技能模块，旨在使学生熟悉与商务有关的基础知识与技能，帮助他们了解在某一领域处理涉外商务活动的具体流程，掌握基本业务的处理方法。跨文化交际模块，旨在帮助学生具备全球意识和国际视野。通晓国际惯例，对本国文化、西方文化加深了解，熟悉对外交往礼仪，增强国际理解力，以提高学生按国际惯例从事商务活动、处理各种关系、用英语沟通和完成工作任务的能力。人文素养模块，旨在帮助学生具备良好的政治思想素质，培养高尚的思想道德情操，熟悉中外各国的政治、经济、地理、历史、文化传统、人文知识、风俗习惯和其他相关知识，具备较扎实的汉语基本功和文字表达能力，以及较强的创新意识和一定的创新能力。

（三）具体的课程目标

具有较强的英语听、说、读、写、译能力。熟悉对外商务活动中各个重要环节的基本知识和进出口贸易的操作流程，熟练掌握对外商贸函电的撰写和翻译方法，具有直接参与涉外商务交际的能力和处理涉外商务问题的能力。熟悉现代化办公软件的应用与操作，具备处理涉外日常工作的能力。初步具备合乎礼仪地进行涉外交际活动的能力。

（四）目前存在的主要问题

课程体系的构建基本沿用本科教育的内容，追求学科知识体系的系统性、完整性和科学性。课程设置基本上仍停留在简单的"英语+商务"模式上，理论课和实践课缺乏必然的内在联系。在课程内容选取上没能摆脱学科体系，缺乏针对性和实用性。在内容的组织与安排上过分强调课程体系的系统性和完整性，缺乏专业覆盖到的岗位（群）所涉及的知识点。与职业领域实际的联系不够广泛，对学生应用专业知识解决问题的意识和能力培养不够。课程开发与实施主体单一，主要由高职院校教师来承担，企业参与度较低。课程内容陈旧，与行业最新发展要求脱节，无法保证教学内容的先进性与行业发展的同步性，无法实现学生毕业即能上岗的目标。

（五）课程建设重点

根据职业岗位（群）要求，构建高职商务英语专业课程体系。依托行业（企业），校企合作共同开发课程。依托企业专家与专业团队，共同确定职业岗位能力，对职业活动进行分析与归纳，以就业能力为导向，根据岗位要求设置课程，构建高职商务英语专业课程体系，处理好职业素质、核心能力、英语能力、拓展能力与课程设置的关系。基于工作过程，构建工学结合的核心课程。以"课证融通"为目标，以工作过程为主线，构建"工学结合"核心课程内容。将工作过程中的岗位技能要求、行业标准与职业规范、职业资格技能要求和职业素质要求融入课程内容，实现职业技能资格证书与课程教学内容的全面融合。构建语言与商务、理论与实践有机结合、有效衔接，满足综合应用能力和素质培养要求，体现"厚外语、强外贸、高素质"人才培养目标的课程体系。明确各门课程在人才培养中的作用，并以此为依据，设定具体教学目标，确定教学内容，设计课堂教学及实践环节，优化教学方法和教学手段。

二、旅游英语

（一）课程体系

深圳大学罗世平教授在《外语界》上发表的论文《也谈21世纪复合型外语人才培养模式》，提出了"外语+X"的外语复合型人才培养模式。模式中的X为变项，随社会市场需求和学生个人兴趣的变化来设置课程。旅游英语专业按照"外语+X"复合型外语人才模式来设置课程较为恰当，符合实际。根据罗世平提出的"外语+X"的外语复合型人才模式，结合旅游英语自身的特点，旅游英语专业人才培养应把"X"部分认定为包括旅游学概论、中国旅游地理、旅游心理学、旅游公共关系、旅游美学、旅游营销学、中国旅游文化、餐饮服务与管理、前厅客房服务与管理、旅行社实务与管理、导游实务、旅游产品与设计等主干课程浓缩型旅游专业知识结构体系。作为旅游英语专业的"X"部分和英语部分应处于同等重要的地位。不能重英语轻旅游，也不能重旅游轻英语。在抓好"X"和外语这两部分的前提下，旅游英语专业教育应在提高学生基本素质的同时，针对涉外旅游企业的具体岗位要求，重点倾向于专业知识技能的传授、训练与实践，使培养出的学生既懂一定旅游专业知识又精通英语，毕业后能直接投身于一线工作。

（二）课程模块

坚持以英语教育为基础，以专业能力为主体，旨在构建以职业能力为核心的模块式高职旅游英语专业的课程体系，所有课程分为四大模块：

1. 专业基础课（英语类课程）

专业基础课旨在全面提高学生的外语水平，使他们在听、说、读、写、译方面都能达到基本要求。专业基础课开设的有英语语音、综合英语、旅游英语、导游英语、酒店英语、英语口语、英语听力、英语语法、英文翻译、英语阅读、旅游阅读、英语国家概况、英语实用写作和英语报刊阅读等课程。

2. 旅游专业课程

旅游专业课程旨在使学生全面掌握旅游业的宏观理论、营销策略以及旅行社管理和导游的具体实务。旅游专业开设的有经济合同与旅游法规、旅游概论、导游原理与实务、旅游地理与文化、旅游基础知识、口才艺术、旅游市场营销学、旅行社经营管理、旅游人力资源管理、旅游公共关系学、旅游资源开发与规划等课程。

3. 综合技能课

综合技能课旨在培养学生兴趣，提升技能，指导学生将所学理论运用于实践中，通过实践掌握导游及旅游业管理的行业规范。综合技能课开设的有旅游心理学、中外礼仪、英语影视欣赏、电子商务、办公自动化、中国民俗、茶艺／插花艺术、中英文速录等课程。

4. 文化基础课

文化基础课旨在全面提高学生素质，培养其遵纪守法、爱岗敬业的精神，使其树立正确的人生观和价值观。文化基础课开设的有思想道德与法律基础、体育、大学语文、计算机应用基础、就业指导与创业技能、形势与任务等课程。

（三）目前课程设置存在的主要问题

目前课程设置存在的主要问题有课程体系与工作体系脱节、公共课程与专业课程脱节、学习内容与工作内容脱节。

三、应用英语

应用英语是高职英语类专业中课程设置最为灵活的专业，可以根据区域经济发展的需求和高职院校自身的优势确定专业方向，设置专业课程。就目前高职院校的应用英语专业方向的选择来看，主要有空乘方向、酒店方向、物流方向、外事方向、法律方向、服务外包方向等。应用英语专业课程设置的确定应该建立在广泛调研的基础上，切忌盲目行事，以免造成教育资源的浪费和人才培养模式的失误。课程设置主要有以下方几方面：

（一）公共课

公共课包括思想道德修养与法律基础，毛泽东思想、邓小平理论和"三个代表"重要思想概论，形势与政策教育，军事理论教育，心理健康教育，大学语文，体育，计算机基础知识，等等。

（二）主要基础课程

主要基础课程包括综合英语、英语听力、英语口语、英语阅读、英语写作、翻译、英语语法、英美概况等。

（三）主要专业课程

英语教育方向专业课程包括教育学、心理学、英语教学法、英语课件制作、英语教学技能实训等。

涉外事务管理方向专业课程包括公共关系与礼仪、秘书英语、商务英语、秘书实务、英语口译、会展实务、会展英语、办公自动化、酒店管理实务、酒店英语、秘书实务实训、会展实务实训、酒店管理实务实训等。

第四章 高职英语教学设计

高职英语课程的定位要求英语教师在高职英语课堂上设计出符合高职学生实际情况的教学模式。创造性地设计教学、传授知识，使学生领会知识并能运用知识分析和评判事物，这既涉及教学的各个方面，又要求教师具有设计教学的扎实基本功和实施教学的娴熟教学技能。

第一节 教学设计概述

一、什么是教学设计

教学设计，就是指教育实践工作者为实现一定的教学目标，对教学活动进行的系统规划、安排与决策。教学设计的基本程序包括规划教学目标、设计教学策略和进行教学评价。教学设计主要内容包括以下几个方面：

（一）分析教学任务，阐述教学的预期目标

教学的预期目标是指期望学生在完成学习任务后达到的程度，是预期的教学成果，是组织、设计、实施和评价教学的基本出发点。在设计教学计划的过程中，还要重温课程目标，认真思考教学中存在的问题，对教学对象的层次及其接受知识的程度有充分的认识，还要强调如何讲授有关内容、使用何种教学方法等。

（二）评价教学，分析教学实际情况

评价教学是指教师在教学过程中和教学结束时，利用多种方法，按照教学目标对教学活动所引起的学生的变化进行价值判断，对所实施的教学活动进行评定。评价教学在高职英语课堂教学中主要表现为两个方面：第一，对课堂教学进行反思与改善；第二，激发学生学习的动力与兴趣。

（三）确定教学策略，适时调整教学计划

确定教学策略是指考虑用什么方式和方法向学生呈现教材并提供学习指导，考虑怎样才能实现学习目标或教学目标。尤其要分析学生的学习差异，及时调整教法，改善课堂教学效果，调动学生学习的积极性。

（四）观察教学效果，进行教学设计评价

不同的教学方法可以收到不同的教学效果。观察教学效果，进行教学设计评价是指考虑如何对教学效果进行科学的测量与评价；考虑用何种方法引起学生的反应并提供反馈，对学和教的行为做出评价。在进行行为评价时，一方面要以目标为标准进行评价；另一方面要根据教学效果的反馈信息，对教学模式中所有步骤进行重新审查，特别是要检验目标和策略方面的决定。

教学设计一般分为课程教学设计、课堂教学设计、自主学习教学设计等。以下参考并选用内蒙古师范大学现代教育技术研究所专家李龙的三种教学设计的模板，说明教学设计的主要内容与形式。一般来说，课程（单元）教学设计、课堂教学设计、自主学习设计等教学设计的内容虽然有差异，但是都包括教学任务与理念、教学目标描述、内容与过程设计、教学方法与教学模式设计、教学情境创设、课业评价方案等部分。

二、教学设计的种类

（一）课程教学设计

课程教学设计供学科教师做一门课程或其中某一单元的总体设计之用。在做课程教学设计表时，应注意以下几点：

课程名称。课程标准规定的正式课程名称。如果进行的是单元教学设计，则在课程名称的后面用括号注明该单元的排序和单元名称。

授课年级。将要进行教学实践的年级，如大学二年级等。

总学时数。实际教学时数（教学周数×周学时数）。应把讲授课时数与实践（包括活动课、实验课、习题课、讨论课及其他教学活动，项目由教师根据教学需要自行设置）课时数分配适当。

教科书与参考书。高等学校教科书一般由教研室或任课教师选定，此栏应填写所选定的教科书的名称。为了搞好教学需要教师或学生阅读的教学指导书、参考书、文章、教学研究成果等。

依据标准。本学期（或本册教材）所对应的课程标准的具体要求，以及学生教育技术标准绩效指标对应的学段、级别。

教学目标阐述。课程总教学目标，一般应包括认知、动作技能和情感三大类。按高职课程标准的要求，教学目标应包括知识和能力、过程和方法、情感态度和价值观三方面。

教学对象分析。针对所教班级学生的实际情况，对学生的一般特征、起点能力及信息素养进行认真分析，作为教学设计的一项重要依据。

学科知识和能力结构框架。对照课程总教学目标，在认真分析教学内容的基础上，绘制学科知识和能力结构框架图。

学习目标层次，指"认知""动作技能"或"能力""情感"等。

教学建议。在每一"节"或"课"的知识点中，将重点和难点勾出，以便任课教师做课堂教学设计和自主学习教学设计时着重考虑。

教学媒体（资源）。为了从整体上体现一门课程所需教学资源的情况，为后面的课堂教学设计和自主学习教学设计中教学媒体（资源）的选择奠定基础，为学科教师建立自己的资源库提供目录索引。本栏目可以丰富现有的或教学需要的教学媒体（资源）。

对学生自主学习活动的建议。对该课程中适合学生自主学习的部分进行的构想和安排。其中包括以下几方面：知识单元；学习模式与策略（自主学习活动的模式，如主题型、研究型、协作型、探索型等；学习方法，如支架式、抛锚式、随机进入式等）；资源（情境）。

教师自我分析。由任课教师对自己的教学能力、教育技术素养进行分析，找出自己的优势和不足之处，为选择合适的教学策略提供依据。

（二）课堂教学设计

章节名称与计划学时。在一般情况下，是以教科书上的一节（或一课）为单位进行课堂教学设计的。既可以统一设计、分段教学，也可以按学时分别设计、各成体系。授课按实际需要的学时。

教学目标。根据本课程的课程标准（教学大纲）的要求，认真研究教学内容和分析教学对象（学生）的特点，提出本节（课）的教学目标。

教学目标的编写一般包括认知、动作技能和情感三方面的内容。按高职课标的要求，教学目标应包括知识和能力、过程和方法、情感态度和价值观三方面。教学目标的叙述应简洁、准确、精练、概括性强，包括对象、行为、条件和标准四个要素。它和各知识点学习目标有着直接的关系，但又不是所有学习目标的简单相加。

学生特征。学生的学习准备情况，是作为解决教学重点、难点，选择教学策略，设计课堂教学过程的依据。

学习目标描述。学习目标描述的内容分为三个部分：知识点、学习目标、对学习目标各个层次的具体描述。

教学重点和难点。教学重点是构成本课程的知识和能力体系中最重要和最本质的学习内容。教学难点主要指由于知识的深度和知识的模糊性造成学生在学习过程中遇到的困难问题，应把考虑的具体措施简要地加以说明。

教学媒体（资源）的选择是课程教学设计表中教学媒体（资源）列表的具体落实。一般常用的媒体有图片、模型、投影、影音录像、课件、网络等，还包括教师和学生在教学过程中的活动，如演示、示范、实验等。在进行教学设计时，应充分估计到实际教学过程中可能出现的情况，计划好媒体使用的时间。

板书设计。板书是指教师讲课时在黑板（白板）上所写的文字、公式符号和所画的图表等内容。它是整个教学思路和内容的浓缩，是课堂教学中重要的一环。板书设计的目的不仅是从表面上做到美观、整齐，充分合理地利用板面，更重要的在于板书可以使课堂讲授的主要内容按一定的形式有条理地呈现在黑板上，有助于学生更好地突破难点、掌握重点，进而提高教学质量。形式多样、精心设计的板书不仅能够呈现学习的内容，而且能够提供一种艺术上的享受和审美情趣的陶冶。

课堂教学过程结构的设计。课堂教学过程结构图通常称为流程图，这是课堂教学设计的关键。前面所进行的教学目标、教学内容、教学对象的分析，教学策略（包括教学模式、教学方法、教学组织形式）、教学媒体（资源）的选择，课堂教学结构类型的选择与组合等工作，都将在课堂教学过程结构的设计中得到体现。

课堂教学过程设计思路。详细叙述课堂教学过程每一步骤的设计依据、教学结构四要素（教师、学生、教学内容、教学媒体和资源）的相互关系，以及学习理论和教学理论的指导作用等。

个性化教学。为学有余力的学生和需要帮助的学生设计不同的教学目标、选择相应的教学策略，促进他们的发展。

形成性检测与评价。形成性检测是按照教学目标编制的一组检测题，用以考核学生对本节课（或本知识单元）的基本知识和基本概念的掌握程度。形成性评价是对每节课（或知识单元）教学情况的评价，内容如下：形成性检测题的检测结果；课堂教学过程中的反馈信息；批改作业中发现的问题；遇到有测验和考试时，记录其评价结果。应在每节课后及时填写。对反馈信息中发现的问题，应在后续教学中及时解决，以保证教学效果最优化。

在课堂教学活动中，如果需要对学生进行过程性评价和成果评价，应该设计相应的评价量表。

教学反思。教学反思是教师在教学过程中不断思考、不断进步的总结和记录，反映了教师成长的经过。

（三）自主学习教学设计

1. 问题（项目）的主题

"主题"是对学习中要解决的问题（或研究项目）的集中表述，通过该表述使学习者清楚地认识到当前的学习任务。

2. 概述

在对学习内容进行分析的基础上，列出解决该问题所需学习的知识内容及其类型，以及该知识体系的结构，为学习策略的设计提供依据。

对学习者特征的分析，除了一般特征和初始能力外，要注意分析学习者的信息素养。经过详细、认真地调查和分析得出的结果，才能保证学习策略设计的可行性。

3. 学习目标

学习目标是多元结构的。它既有知识的获得，又有能力的提高和情感的升华。就知识学习而言，既有对知识意义的理解，同时也有低层次的记忆，以至高层次的应用和创新。

4. 学习策略

学习策略包括学习情境的创设、学习模式和学习方法的选择等项内容。无论学习者是在真实的社会环境中，还是在网络或其他媒体提供的虚拟环境中进行学习，都可以由教学设计明确规定，但是必须为学习者创设具体的学习情境。在自主学习教学设计中，可以为学习者选择主题型学习、资源型学习、研究型学习、协作型学习等各种自主学习模式。在自主学习中，最常使用的学习方法有支架式、抛锚式和随机进入式等几种。

5. 学习资源

学习资源包括所有能够支持学习者进行学习的工具、材料、设施、人员、机构等，从传统的教科书、印刷品，到各种现代教学媒体，以及网站、社会文化机构。在教学设计中应尽可能给出不同种类的资源，以便学习者根据自己的条件去选择、利用。

6. 学习活动和学习建议

这是学习者完成学习任务时应遵循的步骤。应说明学习活动的过程和结构，包括学习者应阅读的材料、教师和学习资源中心能给予学习者必要支持的类型和内容，以及关于学习活动的建议，等等。

7. 学习评价

为了使学习者了解学习任务完成后的状态，有必要让他们预先知道将如何对他们的学习过程和学习结果进行评价。学习评价应给出评价的标准——量规，评价用的案例、材料、工具，以及评价的方法和要求。

8. 附加内容

说明需要致谢的个人、单位，引用的材料和资源的作者、版权人，以及其他需要说明的事项。

三、高职英语教学设计的理念与原则

从事高职教育的英语教师，在设计英语课堂教学活动的过程中，必须牢记学生既是英语课堂教学活动的主体，也是英语课堂教学设计的基本依据。只有根据学生的不同学习水平有效地设计教学，适时调整教学方案，才能准确地评价课程质量；也只有善于发现、善于总结，才能找出更加符合实际的、行之有效的教学方法，从而调动高职学生学习英语的积极性，把高职英语教学推向新阶段。

（一）教学设计的理念

1. 以培养学生英语应用能力为主线

在高职英语课程教学中，传统的教学模式束缚了学生的主动性、积极性和创造性，不利于学生的全面发展。为培养学生英语应用能力为主线的高职英语教学设计，应从英语课程教学设计的开发、以促进个性发展为目的的第二课堂的开展、搭建以提高学生实践技能为目标的校企互动人才培养平台三个方面，对教学内容、教学方法、评价体系、教学环境等方面进行科学的设计和具体的教学实施，促进英语教学和学生语言学习训练起到积极的作用。

2. 优化教学设计，建构生态课堂

优化教学设计、建构生态课堂，旨在激发学生的学习兴趣和学习主动性，提高课堂教学的有效性。可以从以下六个方面对优化教学设计，建构生态课堂，结合教学实践进行研究：精心设计导入，激发创新兴趣；创设教学情境，激发认知兴趣；重视操作实践，激发思维兴趣；巧设铺垫坡度，激发探究兴趣；设计开放性问题，激发拓展兴趣；提高自身素质，优化课堂教学。

3. 现代教育技术条件下的任务型教学设计

"以人为本"的任务型教学设计的原则，能体现语言价值，通过感知、体验、实践、参与和合作等方式，实现完成任务的目标。重点在于信息沟通，而不是语言形式。知识与技能并重，突出语言综合运用能力。根据教材和课堂教学实际，适当调整教学内容。最重要的是给予学生更多的语言实践机会，积极加以引导，降低任务的难度。鼓励学生进行合作学习和自主学习，培养其良好的学习习惯。综合运用多媒体技术，增强教学效果。

4. 基于建构主义教学理念的教学设计

建构主义教学观，是以学生为中心，使学生变被动学习为主动学习，把知识传授与能力培养、课堂教学与课后自主学习、独立学习与协作学习、形成性评价与终结性评价有机结合起来，这对培养学生学习能力、协作意识、创新能力有着重要的作用。在设计教学内容时，应充分考虑学生的首创精神、知识外化和自我反馈三个基本要素，建立合理的评价体系，完成意义建构。在"以学生为中心"的教学模式下，高职英语教学评价体系有利于激发学生的学习兴趣，培养学生的自主学习意识、合作意识、交往能力。

5. 基于职业核心能力培养的项目化教学设计

职业核心能力的培养已经成为高等职业教育中的一个热门话题，引起了广泛的重视。作为一门实践性极强的语言学科，英语教学不能只停留在语言形式上，而应该将职业核心能力的培养渗透其中，真正实现用外语进行沟通的能力。

（二）教学设计的原则

根据高职教育课程的特点，结合高职英语课程特点，在针对高职英语课程进行创新型课程教学设计的过程中，应着力遵循以下原则：

课程教学设计方案要依据高职英语课程教学大纲和各专业培养目标的要求，本着"实用为主，够用为度"的原则，结合高职英语课程特点，在充分考虑学生的学习特点和教学实际的前提下进行编制，设计结构要完整合理，构思要体现创新型教学理念。

课程教学设计方案要能体现职业教育和高职英语的特点，体现以学生为中心的理念，体现教学模式由教向导转变、由教向助转变、由学会向会学转变；要充分体现"教、学、做"一体化教学模式的内涵，以及导学、助学、协作学习和自学的有机结合，注重对学生解决实际问题的能力和全面素质的培养。

合理选择和运用课程的教学组织形式、教学手段和教学方式方法，课程教学设计方案要有较强的可操作性，便于组织实施和调控，有利于课程教学目标的实现。

注重多种媒体的综合运用。具有较高的应用信息技术开展教学的能力和水平，合理地利用多种媒体教学资源开展教学。

设计要能满足学生学习需求，相关信息应简单明了、准确，必须对学生的学习有较强的指导作用。

第二节　课堂教学设计理论与教学策略

当前，英语教学在专业人才培养体系中严重缺位，因此，必须理顺基础英语、学科英语、专业英语及双语课程的关系，通过"四化"，即教学目标多元化、课程设置立体化、教学模式个性化、评价体系动态化，重新打造大学英语教学体系。

一、建构主义理论与情境教学

情境教学是指创设含有真实事件或真实问题的情境，学生在探究事件或解决问题的过程中自主地理解知识、建构意义。教师同样是情境中的事件探究者或问题解决者，教师在与学生共同建构意义的过程中给学生提供必要的帮助。

建构主义认为主体、情境、协作和资源是促进教学的四个条件。建构主义特别强调情境对意义建构的重要作用，把创设情境看作是教学设计的重要内容之一，认为学习总是与一定的社会文化背景即情境相联系的。学习情境要与实际情境相结合，因为实际情境领域具有生动性和丰富性，能使学生掌握更多的知识。学生只有在真实世界的情境中，借助社会性交互作用，利用必要的学习资源，才能积极有效地建构知识，调整原有的知识结构。

语言是一门实践性很强的课程，学生只有在问题的解决、任务的完成过程中，才会主动地进行自我探索，进行语言的实践应用。为了帮助学生积极有效地完成对所学知识的建构，包含真实问题、具有丰富信息资源的学习情境的创设，开展情境教学就成为必不可少的条件。

情境教学法充分利用形象、生动、具体的情景，创设真实或模拟的语言学习环境，引导学生在亲自体验中应用语言、探求新知、提高能力，从而达到良好的学习效果。该教学法将言、行、情境融为一体，具有较强的直观性、趣味性和科学性，使学生仿佛身临其境。采用情境教学法可以激发学生的学习激情，培养学生浓厚的学习兴趣，促成学生智力因素和非智力因素的发展，帮助学生更好地理解、记忆和运用所学的知识和经验。

因此，运用建构主义理论于大学英语教学中的一个重要启示是：教师在教学过程中应为学生创设一种良好的学习环境，通过创设与当前学习内容相关的、尽可能真实的情境和提示新旧知识之间的联系线索，充分发挥学生的主动性、积极性和首创精神，最终使学生实现对当前所学知识意义建构的目的。

二、基于建构主义的情境教学的必要性

传统的教学模式是以教师为中心，过分强调教师的权威性，教师是知识的传授者、灌输者，学生是知识输入的对象。全部教学设计以"教"为中心，学生被动地接受、消化知识，课堂教学以语法、阅读为主，注重语言知识的输入，学生学习缺乏语言交流的环境，语言学习和语言运用脱节。这种传统的教学模式违背了学生的认知规律，不利于培养学生的创造性思维能力和语言实践能力，抑制了学生主观能动性的发挥，使学生学习效率低下。

语言总是和情境连在一起的。基于建构主义的情境教学顺应了外语学习者的认知规律，为学生创造建构知识的真实"情境"，把外语教学情境化。学生的学习过程是在教师创设的情境下，借助已有的知识和经验，主动探索，积极创新，从而建立新的认知结构的过程。在整个学习过程中学生总是处于一定的仿真社会环境中，通过自己的行动参与学习过程，发挥自身学习的能动性，将新旧知识联系起来进行学习，与相关信息相联系进行扩展，达到掌握语言知识、培养学习能力的目的。

基于建构主义的情境教学，将单纯的语言灌输转变为主动的、有目的的知识建构过程，突出培养学生的创新能力，为大学英语教学开拓新的领域。

三、高职英语情境教学设计策略

建构主义理论下的高职英语教学模式将学生、教师、教学信息、学习环境作为四个基本要素。在这种模式中，学生是知识的主动建构者和运用者；教师是指导者和意义建构的促进者；教学信息涵盖的知识是学生主动建构意义的对象；学习环境则是支持和促进学生学习的场所。从建构主义的角度来看，高职英语情境教学设计主要包含以下策略：

（一）结合学生生活体验展示情境

首先，应大量运用直观道具、图片、实物等形式，把教学内容融入形象直观的教学情景中，最大限度地激发学生的联想，调动他们的学习积极性，使学生意识到所学知识的相关性和有意义性，并将所学知识应用到现实情境中。其次，充分利用社会文化背景。相关的文化背景知识有助于学生更好地建构图式理解语篇。教师要善于从社会生活中选取一些与教学相关、生动形象的实例，使抽象的知识具体化，从文本情境引入生活，唤起已有的经验，学生根据自己的知识水平，体验到学习和运用语言的价值。最后，通过各种实践活动，如英语演讲、竞赛、游戏等创设轻松和谐的学习氛围，为学生提供更多的语言实践机会。这种特定的情境容易使学生产生身临其境之感，不由自主地投入学习

中，把情感移到与教学情境相关的对象上，进一步加深对英语情境教学的体验，形成教学上的共鸣，从而推进教学活动，达到教学目的。

（二）运用多媒体技术拓展情境

建构主义认为情境、协作、会话和意义建构是学习环境中的四大要素，而多媒体计算机和网络技术则成为建构主义学习环境下的理想认知工具。与传统教学手段相比，多媒体教学突破了教育信息传播时间、空间的限制，为英语教学提供了丰富、直观、真实的语言材料，为学生营造了一个良好的语言学习环境。图、文、声、像并茂的语言材料能充分调动学生的多种器官参与学习过程，激发学习兴趣，可以使学生听、说能力同时得到提高。正是由于多媒体的教学优势，使得创设的情境更为形象、生动、逼真，易被学生接受，提高了教学质量和效果。

因此，教师应充分利用多媒体教学手段，进行英语教学课件的设计与开发，辅助进行情境构建和拓展；运用网络补充相关材料，如与课程内容相关的视频资料、有关介绍英语国家文化、历史、风俗习惯等的文字、图像资料等；借助互联网技术的全渠道交互功能，通过电子邮件、语音信箱等与学生进行讨论、交流和协作，使每个参与者的思维成果为整个学习群体所共享，有利于学生实现意义的建构。

（三）组织角色扮演模拟情境

建构主义认为知识的建构是通过人与环境的互动进行的。教师应以目标需求为出发点，注重设计适合学生主动建构知识意义的情境，提供最真实的语言信息输入，引导、帮助学生建构语言知识、发展语言能力。实践证明，角色扮演是学生在英语课堂上模拟真实语境进行交际操练的一个好方法。角色扮演能使学生在学习中积极参与，进入角色，体验情境，激发学习兴趣，提高学生分析问题和解决实际问题的能力，促进学生学会沟通与合作。

例如在讲到酒店入住登记时，可设计这样一个交流情境：在饭店大堂里，一位美国客人来办理入住登记手续。把学生分成小组，自行确定角色分工，分别扮演接待员、门童、行李员、客人等角色，构思脚本、布置场景，对客人入住过程中会遇到的各种问题进行模拟表演，给学生以真实、具体的情境感受，然后由教师对学生模拟角色的表现进行评析。

参与角色扮演的学生因分担角色而渴望交流，这就大大提高了学生学习英语的能力和创新意识，在轻松活泼的、与他人和外界环境的互动中，在具体的仿真情境中建构语言能力。

（四）开展合作交流体验情境

建构主义十分重视社会性相互作用在学习中的作用，交互式教学和合作学习是这种社会性相互作用的主要体现形式。交互式教学指的是"师生互动",通过师生之间充分的交流、讨论、合作以及教师的针对性指导,来提高学生知识建构的质量,即学生在课堂交流中学习。交互式教学可以增强师生之间知识信息和情感信息的交流和互动,给学生自己建构知识的机会。合作学习则是"生生互动",学生在小组内通过交流、沟通、分工和合作完成学习任务。在高职英语教学过程中,教师要从教学目标和学生的实际需求出发,精心设计学生感兴趣且具有实际交际意义的小组活动情境,如参加聚会、购物、预订房间、指路等,这样就会大大激发学生参与课堂活动的热情。学生通过小组交流各抒己见、集思广益、取长补短,小组中的每个成员都有更多的发言、表现、交流和评价的机会,从而彻底消除了传统教学模式下教师话语垄断现象。小组成员在相互沟通、相互合作中感受交流的魅力,从而产生交流的渴望,体验合作交流的乐趣。

四、"以学生为中心"的高职英语教学策略探析

(一)"以学生为中心"的概念来源及内涵

20世纪初,美国心理学家和教育家杜威提出了"以儿童为中心"的观点,他极力反对在教学中以教师为中心的做法,反对课堂教学采用"填鸭式""满堂灌"的教学模式。他主张解放儿童的思维,以儿童为中心组织教学,充分发挥儿童学习主体的作用。受这一观点的影响,以马斯洛、罗杰斯为代表的教育学家和心理学家提出了"以学生为中心"的观点。他们反对教师对学生的制约,提倡以学生的成长需要为所有教育教学活动的出发点和归宿,鼓励将学生的全面发展和个性化发展有机结合起来。

(二)"以学生为中心"的特点及优势

在"以学生为中心"的教学活动中,学生是参与主体。在知识技能传授上,注重知识的横向和纵向整合,使学生在接受知识的同时,增强学习兴趣、创造新思维、提高语言综合应用能力、锻炼分析问题和解决问题的能力、增进自主学习和合作学习的能力。它改变了传统课堂的交流权利空间关系,确定了学生的主体地位,强调课堂的双向性、自主性。教师不再是课堂的主体,而是学生需求的分析者、学生能力的培养者、课堂活动的组织者和平等的学习者;学生不再只是被动的接受者,而是学习的自主者、课堂活动的参与者、知识的探索者和创造者。

"以学生为中心"的英语教学模式重视学生在知识、智力、情感、兴趣和个性等方面的要求,以其双向性、自主性、灵活性和创造性等优势在现代英语教学中起着重要的作用。其优势十分明显:强调学生的主体地位;激发学生的兴趣爱好;促进学生的能动作用;增强学生的个体体验;挖掘学生的创造潜能,使英语教学真正做到灵活性和创造

性的辩证统一。

（三）"以学生为中心"的课程设计

课程设计就是对教与学这个程序的各个方面、各个阶段、各个环节的设计。要做到以学生为中心，进行有效的学生需求分析是前提和基础。只有对学生进行有效的需求分析，才能做到因材施教，有的放矢，达到事半功倍的效果。换句话说，要进行有效的课程设计，教师应对学生深入了解，了解他们缺乏什么、需要什么、期望什么、应该学什么，这就是学生需求分析。

课前需求分析：英语教师的课程设计和教学活动是否成功、是否卓有成效，一个重要的方面就是看他们是否了解学生的基本状况和真实需求，是否做到了有的放矢，是否有针对性。因此，英语教师在教学之前，首先要做的工作就是对学生信息的收集。教师要了解学生的性格、学习经历、学习英语的动机、英语的现有水平、喜欢哪种教学方法、需要达到何种语言水平等。信息收集可以有多种方法，如访谈、问卷调查，也可以阅读学生的个人档案等。

课中需求分析：在英语教学过程中，教师应经常对学生进行需求分析，及时了解学生对教材的难易程度、教学进度、教师的教学方法、教学效果的看法，了解学生在英语学习中的困难、对课堂活动的态度、喜欢的课堂活动类型和授课方式等方面的情况，倾听学生的意见。这样，教师便能随时掌握学生的学习动态和反映，及时调整教学目标和教学方法，更好地帮助学生解决学习中的问题和疑惑，帮助他们树立学习的信心，使之养成良好的学习习惯。

课后需求分析：在英语教学活动告一段落或教学课程结束后，教师应当进行自我教学评价和教学反思。学生的学习效果如何？通过学习，学生的英语水平有没有提高，有多大程度的提高？学生掌握了什么样的语言技能？教师的教学方法是否得到了学生的认可？是否有必要进行改进？是否达到既定的教学目标？教师组织的课堂活动是否充分激发了学生的学习和参与兴趣？这些都是英语教师应该总结和反思的问题。不断地总结和反思，有助于促进教师的自我发展和英语教学质量的提高。

（四）"以学生为中心"的教学策略

1.任务型教学策略

所谓"任务型"语言教学，简言之，就是让学生"做事情"，在"做事情"的过程中达到解决交际问题的目的。它强调在教师的指导下，学生通过应用语言完成学习任务，通过提问、实践与合作等方式实现任务目标。在采用"任务型"教学策略的英语教学中，教师可以根据教材的内容，布置能让学生思考、讨论、创造的任务，并使这些任务具有启发性和实际意义，激发学生的学习热情，引导学生积极主动地完成任务。

2. 小组合作教学策略

小组合作教学策略有以下三种形式：2人小组活动、4~6人小组活动和全班活动。三种不同的形式适用于不同的课堂教学活动。例如2人组适合对话和相互纠错课堂活动；4~6人组适合角色扮演和自由讨论；全班活动是指将全班分为两个大组，适用于辩论赛和演讲比赛。小组合作教学策略的优势在于能消除学生的顾虑，使"沉默"的学生勇于表现自我，是学生主动探究问题的过程。小组合作教学策略有利于培养学生的合作精神、分享精神和集体荣誉感。

3. 师生互动教学策略

师生互动，即师生配合、教学相长，是学生自主学习、探究知识、发展能力的途径。语言学习中，教师应为学生创造更好的学习氛围，这样可以激励学生学习，使课堂变为轻松的学习环境。师生互动的教学策略可以在课堂上实现多向交流。在课外，教师可以向学生公布自己的QQ、E-mail等，方便与学生进行沟通，了解学生对教学的反馈信息。教师将收集的大量英语资料提供给学生，方便学生学习，提供较权威的英文网站，鼓励学生自主学习。

4. 激励教学策略

激励教学策略是英语教学中的辅助策略。教师要善于表扬和鼓励学生，激励学生的外部动机；教师要经常进行学习目的教育，使学生认识到学习英语的重要性，这是内部动机。两者有效结合，可以在英语教学中发挥重要作用。尽管目前以学生为中心进行英语教学取得了一定效果，但在实施过程中也存在一些困难，主要表现在三个方面：学生方面，近些年高校扩招，班级规模较大，班级人数较多，有些学生基础薄弱，学习兴趣不够浓厚，学习缺乏主动性；教师方面，多年来教师一直采用讲解为主，学生听、练为辅的教学模式；评价体制方面，受传统教学观念的影响，教育评价体制关注更多的仍然是学生的分数而非实际应用语言的能力，学生的品德、能力、素质、情感等受到不同程度的忽视。

鉴于上述困难，可以看到教师的任务依然非常艰巨。这就要求教师一方面不断转变自身角色，另一方面不断学习教育教学的理论知识，积累经验；反思教学，不断提高教学能力。

第三节　基于项目的任务型教学设计

一、项目教学法

项目教学法是当前高职高专教育教学法中一种新的思潮，它注重学生能力培养的理念正被许多高等职业技术学院认可、采纳，并在许多高职院校里如火如荼地展开，前所未有地展现着它的魅力。高职英语是高职教育中的一门骨干课程，其课程体系的设置、教学方法的实施、教学效果的体现均要围绕高职教育的人才培养目标。高职英语教育不同于普通高等院校的理论性、体系性、研究性或学术性教育。

现实情况是，高职英语教学课时少，但绝大部分学生从就业的角度出发又希望有良好的英语技能，或在高职的英语学习中有所突破，这就对传统的高职英语教学法提出了挑战。我们知道语言属于意识范畴，它没有物质性的产品产生。但是语言是一种工具，凭借它可以完成任何想要完成的任务。那么设想如果以要完成的任务为一项工程的话（如到银行取款、打电话订餐、去超市购物、去机场安检、去宾馆住宿等），完成的过程中是必须借助语言的。因此，常说使用语言的过程是一个项目完成的过程。这样我们可以借鉴专业课程中受学生青睐的项目教学法，把它引入英语教学中。但英语课程的实践性不如专业课程，项目教学法在英语教学过程中的关键是如何进行项目设计，这是项目教学法在课堂教学中能否有效实施的前提。

项目教学法是一种教和学的模式，在高职英语教学的运用中，将教学内容设计成具体英语技能的训练项目与任务，根据项目组织实施教学与考核，旨在把学生融入有意义的项目完成的过程中，促使学生依托项目下各任务的实施过程达到锻炼听、说、读、写等技能的目的，并把积极地学习、自主地进行知识的建构当作最高目标。项目教学法可以成为高职院校英语教与学的一种新型的模式，在强调课堂学生主体化、教学内容项目化、教学环境情景化、教学评价过程化的设计原理上，力求把知识点、能力点与素质培养目标都融为一体，使学生的自主学习意识和创新意识得到充分的调动，使培养学生英语应用能力的目标得以实现，使英语课成为学生核心能力培养的渠道之一。

课堂教学是源于生活的，英语生活化教学活动使教师与学生、学生与学生之间保持有效互动。教学活动的开展为学生主动进行知识构建提供了学习材料，使学生在学习过程中形成对知识的真正理解，在群体学习中使学生的自主性得到发展。据此，在以学生为主体、倡导任务型教学途径设计课堂教学活动中要明确：任务型教学是一种以学生为中心，以完成各种任务或活动为目标，培养学生语言综合运用能力的教学方法。

二、任务型教学在高职英语教学中的应用

威利斯（Wilis）把任务型教学过程分成任务前、任务环和语言焦点三个阶段。

（1）任务前阶段：教师创设任务情境，介绍任务的要求和实施任务的步骤，提出完成任务的方式方法及所要达到的目标。

（2）任务环阶段：由任务（学生执行任务）、计划（准备如何向全班报告任务完成的情况），以及报告（报告任务完成）三个环节组成。学生以个人、结对子或小组的形式来执行任务，完成任务后向班级汇报和交流任务的完成情况，提出结论或报告任务结果。

（3）语言焦点阶段：这一阶段主要由分析和操练两部分组成。师生共同分析和评价各组任务的完成情况，教师对重点语言项目进行归纳和总结，学生在教师的指导下，练习语言重点和难点。

任务前阶段。在上新课之前，需要有一个任务呈现的过程。这个过程主要是为了引起学生学习新课文的兴趣，使学生处于一种主动、积极的能动状态，触发其完成任务的迫切需要。因此，教师在教授课文之前可以提出若干问题。对于这些问题，可以让学生进行交流和讨论活动，将学生分成两人或两人以上的小组，小组成员用英语表达自己的职业规划，教师则应鼓励学生进行各种形式的交流，帮助学生把思想用英语表达出来，但不要为了纠正语言错误而打断其交流。通过交流与讨论，学生之间不仅对对方的职业规划有所了解，也激发了他们学习本篇课文的兴趣。

任务环（任务中）阶段。此阶段主要是设计多个微型任务，构成任务链。任务的设计由简到繁、由易到难，层层深入，形成由初级任务向高级任务以及高级任务涵盖初级任务的循环。学生以个人、结对子或小组形式完成各项任务，在完成任务时所使用的语言是自然发生的。结合本单元的内容，将学生分成几人一组进行角色扮演。本阶段给学生充分的表达机会，强调语言的流畅性。学生的语言能力通过每一项任务逐步发展，使教学阶梯式地层层递进。

语言焦点阶段（任务后阶段）。该阶段为检测、评估阶段，要求学生运用所学语言点进行交际活动。结合本单元内容，选取一组在全班进行表演，在表演过程中，因学生水平不同，对语言形式不做过多要求，但要注意学生使用语言的方法和过程以及任务完成的结果。角色表演结束后，针对学生在执行任务中表现出来的不足，针对本单元内容中新的语言现象、重点语法项目等，帮助他们修改、提炼语言，提供适当的表达形式以

引起他们对其中词汇、短语、句型或语法现象的注意。课堂教学内容结束后布置课外任务，组织学生开展问卷调查、课外表演活动。课外任务是课内任务的延伸，不仅可以提高学生用英语解决现实问题和综合运用语言的能力，而且可以使学生的思维和想象力、协作能力和创新能力等综合素质得到发展。

任务型教学充分体现了以教师为指导、以学生为主体的素质教育理念。但是，任务型教学的任务设计很难把握，任务的操作也难以控制，高职英语教师必须在今后的教学实践中不断探索、总结，加强教育教学理论的学习与研究，提高自身的业务素质和教学能力，使这一教学模式不断完善，充分发挥其优越性。

第五章 高职英语网络化教学

网络化教学是伴随着国际互联网高速发展而新兴的一种教学模式。网络化教学在提高学生英语成绩有着不可取代的作用，对增强学生英语学习兴趣也是大有好处的，值得大力提倡和推广。

第一节 网络化教学概述

一、网络化教学的兴起

（一）课堂教学模式多样化

当前，教育技术正朝着以计算机技术为核心的现代教育技术转变，我国教育技术应用发展研究热点问题多数都集中在与计算机教育应用有关的领域。计算机辅助教学成为当前教育技术的重要分支和主要发展方向。虽然有了现代化的教学环境，但是如果缺乏丰富的现代化教学资源还是不行。从一定意义上来说，开发建设现代化教学资源是对实施现代教育改革的最有力的支撑和更迫切的需求。计算机网络已经在社会各个领域得到了广泛应用，成为人们生活、工作和学习中不可缺少的重要组成部分。在教育领域，计算机网络的大量使用给新时代的教育事业带来了蓬勃生机，新的教育理念与计算机网络技术的整合衍生出许多新的教学模式，如网络自主学习模式、网络协作学习模式、网络探究学习模式等。其中，网络自主学习模式特别引起人们的关注，并成为网络教学的主要模式。网络自主学习是指学习者利用计算机网络提供的学习支持服务系统，自主地选择认知工具、确定学习目标和学习内容，通过可选择的交互方式主动探究的学习过程，实现有意义知识建构的学习方式。

（二）教育教学形式网络化

现代网络化教学与远程教育的特色是探讨以计算机技术、多媒体技术与网络技术为核心的信息技术在教育教学领域中的设计与应用的理论与策略，是对现代教育技术进行综合应用、设计、开发、管理与评价的研究领域;涉及信息化教育系统的课程设计、教学资源开发、教材形式与内容更新、教学方法与手段的改革。

现代网络化教学是建构主义理论、参与理论指导下的基于现代教育技术的语言学习方式。而国内领域的基础研究如火如荼,有一些教育发达地区的学校(如上海等)已经迈入了先进行列。然而,面对高职院校这一特殊层次学生的网络化学习模式的研究与探索,由于受其培养人才目标中职业属性的限制,仍然需要在学习成效、组织形式、资源库建设等方面加强基础研究。语言教学效果的评价一直是素质教育实现突破性发展中最重要的一环,评价方式的改革是面向21世纪的新型学习方式的必由之路。网络化英语学习和英语学习评价方式的改革是十分迫切的研究课题。应从学生的学习态度、参与程度、学习方式、学习效果等几方面对学生的学习情况进行过程性评价。

公共英语开展协作—探究式学习互动,学生在学习方式方面有很大的变化,学习效果方面有很大的进步。评价量表课后测试数据表明,学生利用网络进行的小组合作探究式学习,在教师的指导下完成了一定的学习任务,基本实现了自主学习。学生表现出对于新的课堂教学模式的浓厚兴趣。

(三)课程资源

课程文字资源以教科书为主,《互动英语2》由中国劳动和社会保障出版社出版(包括学术用书与电子版教师用书);多媒体、网络资源是《互动英语2》配套课件、英文教学短片、英文电影、英文歌曲、英语学习网站等;活动资源内容广泛,包括教师的言语活动和体态语言,以及师生和学生之间的互动与交流,等等。

信息技术广泛而深刻地影响着人类生活,信息时代的教育有着实现现代化和全民化的极大发展契机;教育改革也面临从理论到实践的全面挑战。教育的优劣状况将直接影响国家的实力和发展。我国信息技术的发展和信息技术教育普及在各地的状况极不平衡,面临许多观念冲突和运作困难。要解决教育现代化实践中的新问题,必须深入探讨和系统建立现代教育技术学的理论,使我国教育改革能够基于严谨的科学理论而得到持续健康的发展。

(四)现代学习资源立体化

信息时代的到来给英语教学的发展带来新的契机。万维网拥有丰富的资源和强大的功能,其得天独厚的优势为建构全新的英语教学理念提供了巨大的资源保证。现代教育技术与英语教学的整合是高职英语课程改革的核心。高职英语课程标准提倡并强调学习方式的转变及资源学习、探究学习等新的教学理念,是英语教学改革的催化剂。

网络化英语教学可以利用已有的微机室、互联网、计算机等软硬件设施,贯穿高职英语课程学习全过程，以高职英语教材为基础，有计划地指导学生进行网上学习。比如，如何利用网络进行在线交互活动，如何从网络上寻找学习资源，如何利用丰富的网络资源解决学习中的具体问题等，引导学生科学有效地利用网络资源自主学习、主动探究，形成以任务驱动的基于网络的学习习惯。在此基础上，英语教师不断探求网络化形势下学生英语学习效果的评价方式，以行动研究的方式探求形成性评价与终结性评价在学生英语学习评价中的关系，将终结性评价与形成性评价有机结合，关注学生在网络环境下学习的过程，以"人本主义"为指导思想，逐步培养学生自主学习的习惯、终身学习的理念和合理评价、自我评价的科学成长方法。新的教学模式与方法无疑会对高职教育培养高素质应用型人才这一目标的实现产生积极的影响。

在现代教育条件下，教育工作者应努力革新传统教材的观念和形式，为多媒体教育和网络教育设计开发满足多样化教学需求的丰富资源，为远距离教学、网上学校和合作学习等各种新型教学模式的实现提供丰富的教学资源支持。计算机辅助教学的教育目的不仅是学科教育，网络化教学模式和教学资源将反作用于人，直接影响受教育者的观念、智力、能力和思维方式。

二、网络化教学环境的功能

（一）网络化课程教学目标

将网络化学习方式应用推广到语言学习，能够帮助学生熟悉和掌握日渐丰富的新媒体、新技术，更加适应信息时代多媒体、网络化的工作环境和学习环境，把网络功能和网络资源逐渐变为自己成长的工具与财富；能培养广大英语教师和学生适应信息社会的基本素质和获取信息、处理信息、利用信息的能力；从基础和应用的角度帮助学生了解计算机文化和视觉文化，改善人际传播的效果，增强选择和运用各种媒体的能力，并从信息传播与加工的层面提高学生处理本专业信息资源的水平。

与英语语言学习内容相结合的网络化课程，从分析现代教育技术与教育现代化的关系入手，学习多媒体、超媒体、网络功能和网络资源等方面的基础知识。通过计算机教学软件应用展示、信息技术的功能分析和上机练习等环节，帮助学习者练习和掌握采集信息、加工信息、交流信息和发布信息的工具和方法，从而建立起现代教育技术、计算机文化、视觉文化、信息技术等概念，使学生在形成语言综合能力的同时，熟悉并善于利用信息化社会的环境资源。

（二）网络环境下教学功能的实现

网络环境下的教学与传统教学，不仅是教学环境的不同，更在教学目标、教学内容、教学手段、教学传播形式上有深刻的本质区别。网络化学习方式将拓展和完善传统的教学设计理论与方法，能够建立现代教学环境下教学设计的新理论与新策略。比如，在学习资源极其丰富的条件下，如何进行教学设计，提高教学质量与效益；如何突破时空局限，应用网络技术开展远程教学的教学设计；如何调控教学过程和有效实施教学活动以实现教学目标，更加有利于学生的创新精神和实践能力的培养。

1. 培养学生自主学习英语的能力，构建终身学习理念

网络发展至今，不少网站建设已相当成熟。面对互联网浩瀚的学习资源，学生可以进入任何一个讲英语国家和非英语国家的英文网站，接触到大量原汁原味的、地道的英语。除此之外，我国也有不少英语学习网站，这些都是学生学习英语知识的源泉。网络化学习方式能充分地调动学生的主观能动性，提高自主学习能力，为终身学习打下基础。教师的推荐指导能提高学生的上网学习效率，能帮助学生更好地利用网络资源。

2. 鼓励学生进行探究性学习，培养创新精神

互联网为学生提供了一个广阔的学习天地和一种崭新的学习方式，学生可以根据自己的兴趣爱好和需求来选择适合自己的资源，按照自己的方式进行学习。高职教育提倡项目化—任务型学习，主张让学生通过思考、探究、讨论、交流和合作等方式，学习和使用英语，完成学习任务。所以，学生利用互联网，探究性地完成学习任务，有利于培养创新能力，进一步促进英语学习。

3. 全面提高学生的语言综合应用能力

在具体的英语教学过程中，使学生掌握一定的英语基础知识和听、说、读、写、译技能，形成一定的综合语言运用能力是教学的核心之一。现实环境中，因为学生难以接触到真实的英语环境，缺少真实环境下的交际机会，严重影响了学生语言能力的提高。互联网为解决该问题提供了一条新途径。学生可以通过网络平台进行交流、合作，共享丰富的资源。

很多英语学习网站都有各种英语听力资源，学生可以根据自己的水平有针对性地选择适合自己的听力材料，进行听力训练。最有利的是学生可以随时接触到地道、纯正的英语发音。使用ICQ（一种网络通信软件）等网络软件，学生能很方便地与以英语为母语的人直接进行语音交谈，还可以利用电子邮件来培养学生的阅读和写作能力。

4. 以网络为载体，延伸课堂教育，提高教学质量

互联网强大的交互性极大地拓展了人与人之间的联系，师生、生生之间的交流方式也不再单一。网络平台为学生提供了更多与教师接触的机会。这不仅是课堂教学的延伸，也使师生之间的关系更加和谐，极大地提高了教学质量。

第二节　现代教育技术与学科课程的整合

以多媒体和网络为媒介的现代信息技术不仅改变着人类的生产和生活方式，而且改变着人类的思维和学习方式，引发了一场世界范围的跨世纪教育改革和学习革命。

一、概念界定

（一）信息技术

信息技术是指研究信息的产生、获取、度量、传输、变换、处理、识别和应用的科学技术，是人类对数据、语言、文字、声音、图画和影像等各种信息经验、知识、手段、工具的总和。教育的本质是通过有价值的文化信息的传递为学生个体发展和社会进步服务。从文化传递的角度来讲，信息技术具有高效率和高效能。将信息技术与学科课程有机地结合起来，成为学科课程和教学中不可或缺的要素。

（二）课程整合

整合是个新概念。整合的目的和意义不仅是发挥信息技术的工具功能，而且是赋予教育新的意义。通过整合促进教学模式的变革，实现教育思想、教学内容、教学方式全方位的现代化，突破传统教育的模式。

现代教育媒体运用于学科教学有很多优势。例如，录音教材，声音重现；投影教材，平面模拟，以静态文本为主；幻灯教材，静态图像、瞬间图像；影视教材，图、文、声，以动态图像为主；多媒体教学软件，交互视窗、超媒体、多媒体。

二、信息技术与课程整合的起因

教师的传统教学观念和方法严重影响着学生的学习。教师的教学不但与自身素质联系紧密，而且与教学手段也紧密相连。如今，虽然教学方法灵活多样，但是各学科教学仍然在沿用传统的教学方式。

从教学环境来看，由于近年来扩招等因素的影响，许多学校实行大班教学，一个教学班五六十人，学生学习、实践的机会很少。他们无法将已学到的知识进行实践性的练习，不能得到很好的消化。教师也受此影响，长期以"一言堂"的方式教学，学生学了多少也不知道。

从教学手段看，多数学校虽然添置了不少设备，但设备的利用率不高，甚至有的被闲置，未能发挥应有的作用。典型的以教师为中心的教学模式，仍然大有市场。所以，信息技术手段将成为现代教育环境下必然的选择。

三、信息技术与学科整合的实施

（一）以先进的教育思想、教学理论为指导

以先进的教育思想、教学理论（特别是建构主义理论）为指导，将信息技术与学科课程整合，是为了实现彻底改革传统教学结构与教育本质，促进大批创新人才成长的目标。因此，信息技术与学科课程相整合的过程绝不仅是现代信息技术手段在各学科课堂教学中的简单运用，它必将伴随教育、教学领域的一场全面的深刻变革。运用建构主义理论做指导，对我国教育界的现状特别有针对性——它所强调的"以学生为中心"，让学生自主建构知识意义的教育思想和教学观念，对于我国传统教学结构与教学模式是极大的冲击。建构主义理论是在20世纪90年代初，伴随多媒体和网络通信技术的日渐普及而逐渐发展起来的。可以说，没有信息技术就没有建构主义的"出头之日"，就没有今天的广泛影响，它可以为信息技术与各学科课程的整合提供最强有力的支持。

基于建构主义的教学设计以学生为中心，是进入20世纪90年代以后随着多媒体和网络技术的日益普及（特别是基于Internet的教育网络的广泛应用），才逐渐发展起来的。这种教学设计由于强调学生是认知过程的主体，有利于学生的主动探索、主动发现，有利于创造型人才的培养，这是其突出的优点。

（二）建构课程整合教学新模式

建构易于实现学科课程整合的新型教学模式。每位教师都应注意结合学科的特点，建构既能实现信息技术与课程整合，又能较好地体现新型教学结构要求的新型教学模式。模式的类型是多种多样的，若从最有利于创新人才培养的角度考虑，则有两种基于信息技术的教学模式，也就是能够实现信息技术与课程整合的教学模式，即"研究型"（或"探究型"）学习模式和"协作式"（或"合作式"）学习模式。

所谓研究型课程，就是按照学生认知水平的不同，将社会生活中学生感兴趣的问题以主题活动的形式提出，来完成学科课程的目标。学生通过主体性、探索性、创造性地解决问题的过程，将多个学科的知识，如学问性知识、体验性知识、课内知识与课外知识相结合以及学校与社会相结合，最大限度地促进学生身心和谐统一发展。

（三）高度重视学科教学资源建设

没有丰富的高质量的教学资源，就谈不上让学生自主学习、自主发现和自主探索，

教师主导课堂、学生被动接受知识的状态就难以改变，创新人才的培养也就会落空。重视教学资源的建设，并非要求所有教师都去开发多媒体素材或课件，而是要求广大教师努力搜集、整理和充分利用互联网上的已有资源。在确实找不到与学习主题相关的资源的情况下，有必要由教师自己去开发。注意运用"学教并重"的教学设计理论，来进行课程整合的教学设计，使计算机既可作为辅助教学的工具，又可作为促进学生自主学习认知工具与实现情感激励的有效工具。

（四）创建新型教学结构

为了推进我国教育的深化改革，必须明确教育教学过程的本质，在先进的教育科学理论的指导下，改变传统的以教师为中心的教学结构，创建既能发挥教师主导作用，又能充分体现学生主体作用的新型教学结构（"学教并重"教学结构）。信息技术与课程的整合应该紧紧围绕"新型教学结构"的创建这一中心，不能把"整合"变成技术与学科教学的简单"叠加"。最理想的办法是将"以教为主"的教学设计和"以学为主"的教学设计结合起来，互相取长补短，形成优势互补的"学教并重"教学设计理论——这种理论能适应新型教学结构的创建要求。在运用这种理论进行教学设计时，应当把信息技术作为促进学生自主学习的认知工具与情感激励工具，并把这一观念自始至终地贯彻到课程整合的整个教学设计的各个环节中。

四、教学设计的基本要求和策略

（一）信息化环境教学设计的基本要求

信息化环境教学设计要求能充分发挥信息技术作为认知工具的作用，能体现教师为主导、学生为主体；能满足个体的需要，使学习具有个性化；学习方式要以问题为中心，以任务来驱动；学习过程要有充分的讨论、交流、协商、合作的机会，以使学习具有创造性和生产性。

（二）信息技术与课程整合的基本策略

创设情境，观察分析：利用信息化学习环境和资源创设情境（包括自然、社会、文化、各种问题情境以及虚拟实验环境），培养学生的观察能力、思维能力。

利用资源，自主探究：利用信息化学习资源，借助其丰富的内容，由多媒体呈现，培养学生自主发现、探索的学习能力。

虚拟实验，科学探索：借助人机交互技术和参数处理技术，建立虚拟的实验环境，培养学生积极参与、不断探索的精神和科学的研究方法。

网络通信，协商学习：利用网络化学习环境和资源，组织协商活动，培养学生的合作学习精神。

语文表述，意义建构：利用信息化学习环境和资源，创造机会让学生运用语言、文字表述观点思想，形成个性化的知识结构。

创作实践，知识重构：利用信息化学习环境和资源，借助信息工具平台，尝试创造性实践，培养学生信息加工处理和表达交流能力。

网上测评，自我评价：利用信息化学习环境和资源，给学生提供自我评价反馈的机会。通过形成性练习、作品评价方式获得学习反馈，调整学习的起点和路径。

五、信息技术与学科课程整合的原则和特点

信息技术与课程整合强调学科的交叉和综合能力的培养，倡导任务驱动式的英语教学方法，将信息技术作为学生的认知工具，教学目标要将能力培养和知识学习相结合，应用双向互动教学模式，使个别化学习与协作学习和谐统一。

（一）将信息技术作为"教"与"学"的工具

信息技术与学科课程整合，是为了改革教学方法，促进教学质量和学习质量。要想从根本上真正解决这个问题，教师必须从教育的主角抓起，并将内因（教师自身素质）和外因（教师的教学方法）一起抓。"知己知彼，百战不殆"，教师要想成为一名成功的教师，就得有扎实的教学功底，有迎接各种挑战的能力，否则成功只能是句空话。"知己"是容易的；在"知彼"方面，教师要了解学生，教师教学成功与否，也只有在学生身上体现。教师要主动了解学生的心理状况，学习态度如何，学习方法是否得当，学习环境是否适合；除此之外，还要熟悉学生的年龄、性格、文化背景、教育基础如何。只有了解了这些因素，在教学过程中才能有针对性，不脱离"群众"，更能有的放矢，使教学游刃有余，达到"百战不殆"的效果。

（二）从以"教师为中心"走向以"学生为中心"

以学生为中心的教学优势在于敦促学生主动地接受新知识，也容易反馈学生的学习进展情况。在以学生为中心的教学过程中，把主动权交给学生，让他们积极、灵活地去思考，改变过去只有被动接受的状况，勤于思考，成绩显著，有了学习的乐趣，信心也就更足了。教师应剔除过去那种以分数为本的教学要求，敢于大胆创新，快速研究出一套行之有效、切实可行的测试方法，既能测出水平，又能反映效果。提高学生学习的积极性，真正改变以考试为本的错误观念。教会学生利用丰富的网上学习资源，掌握网上学习的方法，积极参与互动交流，具体落实并解决学习的问题，学习搜索引擎等网上资

源、技术的使用，学习信息下载的方法及整理等。

（三）以"学生为中心"信息化学习的基本要点

以学生为中心信息化学习的基本要点有三个方面：活动——在信息化环境中实施教与学活动；资源——把学习内容转化为学习信息资源；重构——利用信息工具让学生对知识进行加工和重构。学生在真实世界里，从教师、同学那里获取信息，参加实验、实践获取信息；在文字世界里，从课本、书报、杂志里获取信息；在虚拟世界里，从媒体（录音带、录像带、电影片等）、光盘与网站里获取信息。

总之，教师要始终清楚"罗马不是一天建成的"，任何事情都难以一蹴而就。教育信息化首先是一个教育问题，然后才是一个技术问题。现代教师只有孜孜不倦地学习、如饥似渴地汲取知识，运用现代教育技术，艺术地创造教学设计，优化课堂教学，才能在课堂内外培养学生的道德、心理品质和知识技能，像涓涓细流滋润学生的心田，让素质教育的春风吹绿现代教育的广阔天地。

第三节 高职英语网络化学习的理论基础

一、网络化教学理论——参与理论

（一）概述

格雷格·柯瑟林是美国很有影响力的网络教育专家。他的研究成果参与理论是专门针对网络学习的理论。参与理论是一种基于技术的网络学习模式，前提是让有效的学习来参与，技术的应用在于促进参与，强调有创造性的、有意义的和真实的学习活动。其基本观点是：学习者必须通过与他人的互动及有价值的任务，积极参与富有意义的学习活动。从理论上讲，即使不使用技术，参与活动也可以实现，但是技术可以促进参与活动的进程，这是其他方式难以实现的。参与理论并非直接来源于其他的学习理论，但与许多学习理论都有一定的联系，如协作学习、情境学习、基于问题式学习等。例如在强调富有意义的学习方面，参与理论与结构主义的学习观一致；在强调伙伴合作和学习群体方面，它与情境学习理论一致；在注重经验学习和自主学习方面，它与成人学习理论在本质上相似。

参与学习指积极的认知过程贯穿学习者的所有活动，诸如设计问题、解决问题、进行推理、决策活动、评估活动等。学习环境和学习活动富有意义，能激发学习者的学习兴趣。参与理论的出发点是建立成功的合作群体，完成对于该合作群体之外的有意义的富有挑战性的任务。

（二）基本原则

参与理论的核心思想是创建协作小组，让学习者以小组为单位，相互协作完成真实的、有意义的项目。这一核心思想中包含三大基本原则：相互协作原则、项目导向原则和真实性原则，指向互动式学习、创造性学习和可行性学习。

1. 相互协作原则

该原则强调协作精神，突出合作群体的交流、计划、管理和社会技能。协作学习的研究表明，在协作的过程中，学习者不得不阐明和表述他们的问题，这会促进问题解决方案的产生，也能增强协作。当学习者以小组的方式学习时，他们经常有机会与来自不同背景的学习者一起学习，这有助于增强同一事物理解的丰富性和全面性。不同背景的学习者处于同一学习群体有机会相互交流，促进了多元交流的理解。

2. 项目导向原则

该原则强调通过完成具体的项目来掌握教学内容和实现教学目标。在学习过程中，学习者必须明确自己的任务（问题的领域），并且把学习的重点放在如何把知识应用于特定的情境。该原则旨在使学习成为一种有创造性的、有目的的活动，明确任务及任务的性质，学习者实施任务比单纯地回答教科书上枯燥无味的问题更有意义。项目导向的本质与基于问题式学习的本质相同。激发他们工作的积极性和主动性，因为他们知道他们的工作将被全班学生甚至整个世界所浏览；同时这也可以让学生把自己的工作展现给他们的朋友、同事，或者潜在的雇主。学习者通过确定任务的性质，成为自主学习者，这一点是传统课堂教学所不能做到的。

3. 真实性原则

真实性原则与许多大学所强调的"产学研计划"，以及当前公司培训中的"服务哲学"是一致的。当学习发生在真实的情境中时，学生学到的知识和技能会很容易地迁移到工作环境中。做真实的项目要比解决书本式的问题更能提高学生的满意度，因为学生能直接看到他们的工作对人们或组织的影响。他们的努力也可以得到外界的认可和奖励，这一点远比分数更能激发学生的学习动机。真实性原则强调在学习过程中的有益贡献的价值。学生的活动任务都有一个特定的"客户"，因此，这种真实的学习环境提高了学生的学习积极性和成就感。

二、实验研究

目前还没有进行专门针对参与理论的实验研究，但是已有一些实验研究间接地验证和支持了参与理论。其中一个是关于协作学习方面的比较研究，另一个是关于在线（虚拟）学习环境的研究。下面是笔者从高职公共英语课程学习角度进行的网络化学习的细节意义上的探讨。

（一）实验目标与平台

利用校园网、互联网以及丰富的教育资源库，通过教师科学地开发、设计，重新建构教学程序，使网络环境与英语学科教学内容有机整合，发挥和调动学生进行基于网络环境的英语学习的积极性和创造性，形成积极主动、和谐愉快的交互学习方式，并以形成性评价为主要评价方式，力求改变传统的教与学的方式和学习评价方式。

为了引导学生高质量地自主学习，较好地完成知识意义的建构，教师根据学习者需求首先建立一个网络平台——英语学习的网站，再将其他有意义的相关的学校、教师或学生个人建设的简易型或专业型英语学习主题网站、网页进行链接，形成一个较为完整的并不断更新的资源库。该网络课程以南京易学"天空教室"系统为基本网络平台，名为"新起点大学基础英语教程"。

（二）实验设计与展开策略

实验采用"准实验设计"，类型为"不等控制组设计"。实验设计以外语教学研究出版社《新起点大学英语基础教程》第二册、第三册各单元为教学内容。以每单元为话题（研讨项目），组织学生在课前利用网络平台查找资料、交流与单元学习内容相关的资料等，课堂上利用计算机网络平台以小组的形式呈现学习内容，课后展开进一步学习讨论，在网络上完成"电子作业"和小组之间的互评。教师根据学生的学习表现与网络作业对学生进行形成性评价。

贯穿高职英语课程精神，以高职英语新教材为基础，有计划地指导学生进行网上学习，如何利用网络进行在线交互活动，如何从网络上寻找学习资源，如何利用丰富的网络资源解决学习中的具体问题，引导学生科学有效地利用网络资源自主学习、主动探究，形成以任务驱动的基于网络的学习习惯。学生通过电子邮件、电话、传真或在线交谈等进行交流，共同完成任务。教师也需要在线参与，以提高学生的学习积极性。网络技术专家的参与活动在于使教师及学生的协作顺利地完成。要参与并完成任务，学生首先要确定合作对象，设计任务进程和分配任务，所有这些活动都涉及交流，做到所有的任务都有一个实际意义，与学习者的兴趣密切相关。通过有意义的任务活动，使学习者更快地适应学习环境，掌握知识和技能，学会协作与交际能力，欣赏自己的劳动成果并得到某种职业上的认可。

（三）实验的组织与管理形式

1. 交互和参与

在网络课程中影响学习者交互和参与数量、质量的一个重要因素是教师参与的程度。教师经常在论坛上发帖子，或者通过 E-mail 与学生交流，提高学生在网络课程中的参与程度。教师促使学生与学生之间进行尽可能多的交互，并通过以下几种方式来实现：让学生以小组的方式完成他们的作业，让学习者相互评价和面向全班做报告，让学生把遇到的问题提交给全班同学，等等。

2. 及时反馈

一方面，教师对于学生的作业、问题或者论坛上的帖子做出及时的反馈。个人反馈可以通过 E-mail 和 FTP；小组反馈可以通过 BBS，或者先归纳汇总每个人的提问，然后开一次有确定主题的在线研讨会。教师努力做到有意义的反馈，给予学生他们想要的对于作业的实质性评论，而不是简单的"很好"。反馈过程中教师指出学生"反映"中的强或弱的地方和存在的问题，或者给学生进一步思考或调查的建议等。在实验过程中注意其他策略的运用：更多地依靠学生之间的相互评价，教师监控和指导这种评价过程；为一个小组提供反馈信息（一对多）；创建一个页面解决经常出现的问题；对于大班来说，使用教学助手。

3. 基于项目的在线合作学习

结合互联网和交互协作的优点，使多个个体积极创建知识共享，使协作组摆脱困难并通过集体努力获得成功经历。笔者利用"天空教室"网络平台在学院实验班学生中开展网络主题探究活动，在学生之间、学生与教师之间开展电子邮件交流活动，探讨如何将计算机技术和网络资源整合于高职英语教学。基本流程如下：教学目标呈现—集体讲授（课堂教学）—小组合作活动—测验—评价和奖励。

合作学习的教学目标既包括学术性目标，也包括合作技能目标；既包含认知领域，也包含情感领域（如相互尊重、相互帮助、荣辱与共等）的教学目标，兼顾教学的集体性与个体性，采用班级授课与小组活动相结合的教学组织形式。

第四节　基于网络资源的英语学习模式实验

近年来的研究多着重于网络技术在英语课堂教学过程中的运用或者二者之间的整合，对于指导学生运用网络资源进行课后学习或复习的相关研究仍然很少。为此，有必要探索一条既符合现代网络学习特点，又能大幅度提高学生学习效果的途径。

一、理论基础

利用网络资源积极改变学生的学习方式，以认知心理学和建构主义学习理论为指导，改变以往采用的事倍功半的题海战术的学习巩固方式，加强教师的指导作用，引导学生采用体验式和探究式学习方式。

（一）认知建构主义理论

建构主义认为，知识不是通过教师传授得到的，而是通过学生在一定的情境下，借助其他途径，利用学习资源，通过意义建构的方式获得的，教师只是活动的指导者和参与者。这种学习有利于学生形成对概念的多角度理解。学生对知识的建构是受社会性相互作用影响的。学生之间的相互交流会影响学生对知识的建构，相互交流能促使每个学生从多个角度来建构知识。

（二）参与理论

参与理论认为，学生的学习是通过交互方式完成有一定任务的、有意义的学习活动。它强调有意义的学习，这和建构主义的观点不谋而合；参与理论强调协作式的学习方式，认为学生积极的学习动机是基于有意义的学习环境和活动探究。

（三）人本主义理论

人本主义的核心是从心理学的角度对学习过程中的完整的人予以充分尊重与重视，重视学生内在自我的发展，倡导着重于过程的学习，强调学习自主性的培养。人本主义教学法认为，关注过程就是要从学生的角度考虑课程或大纲内容是如何被传授和学习的，考虑怎样把学习内容和学生的生活直接联系起来；教师的任务不是决定学生应该学什么，而是去发现并创造一种有利于学生自由学习并成长的氛围。人本主义教学法主张以学生为中心，注重情感因素。

二、网络环境下英语学习的特点

（一）实践性

教师应鼓励学生发现和提出问题，引导学生运用已有的知识和经验设计解决问题的方案，培养学生发现问题和解决问题的能力。在网络环境下，最主要的学习形式是教师指导学生利用多种途径获取信息，判断和识别信息的价值，并通过探究自己得出结论。

（二）主动性

学生身处信息技术和共享资源环境中，学习方式由被动学习转向主动学习。因为网络的交互特点容易激发学生的兴趣，从"教师为中心、书本为中心"中解放出来，减轻了学生的学习负担。学生在这种学习状态的变化中，逐步形成自主学习的意识和习惯。

（三）开放性

由于网络广泛的覆盖和实时的交互能力，学生的活动完全不受时间、地域等的限制，可以根据自己的需要，从极其丰富的学习资源中进行筛选、探索和整合，从而形成符合自己的知识建构，形成更持久的英语学习行为与习惯。

（四）虚拟性

网络学习环境最重要的特征是"虚拟"。虚拟现实技术提供的虚拟学习环境，可以让学生通过系统自由获取图、文、声并茂的视频窗口和丰富多彩的相关资料。学生可以通过 BBS 和聊天室功能与应用等参与多种形式的学习活动，如学习讨论、主题辩论、在线答疑等。

三、网络英语学习实验思路与过程

（一）网络英语学习模式的基本思路

为了引导学生高质量地自主学习，较好地完成知识意义的建构，笔者根据学习者需求首先建立一个网络平台——英语学习的网站，再链接其他有意义的相关的学校、教师或学生个人建设的简易型或专业型英语学习主题网站、网页，形成较为完整并不断更新的资源库。

为了保证实验的顺利进行，除了提供一个清晰而连贯的网站系统资源外，还根据具体需要，配备了一位频繁地、建设性地与学生互动的教师，确保沟通渠道的畅通，提高互动的活力。

（二）网络英语学习实验

1. 实验假设与条件

本实验设计运用基于网络的英语学习平台，优化课堂学习之外学生巩固课堂知识、扩大知识面，使学生掌握知识、发展能力、提高学习兴趣和效果，以达到整体优化的目的。在进行实验设计时，充分考虑利用实验假设手段，对实验设计进行有目的地检测，在收集数据时做到有的放矢。

学院专门配备微机室两间，共有电脑90台，接入互联网。每周定期让学生上网学习。

2. 变量设置

进行实验性研究不仅要弄清研究对象的特征，而且要了解各特性之间的关系，从中找到规律。变量设置的主要目的是进行多种学习方法的对比研究。本实验课题的变量主要探讨基于网络的英语学习对学习效果的影响。

自变量：本课题重在检验基于网络的英语课后复习与英语学习效果的关系。

因变量：这是指学生通过接受现代学习方法来进一步增强学习兴趣、掌握知识、培养语言能力、提高学习成绩和学习时效的一种变量设计。

3. 实验步骤

（1）实验准备阶段：主要进行网络学习方法介绍、设计实验方法、准备网络英语学习平台的建设、学生计算机基本知识技能的培训等。

（2）重点实验阶段：对学院大学一年级学生进行等组实验，横向和纵向考察实验自变量和因变量的关系。

（3）总结提高阶段：收集实验材料，分析实验结果，撰写实验论文和终结性实验报告。为保证实验的信度和效度，采取一系列措施来控制干扰变量。

4. 实验检测和评价

按照"理论指导主动操作自变量—控制干扰变量—验证假设"的思路进行检测和评价。评价采用定性分析和定量分析相结合的方式，如观察、问卷调查、课堂和课后测试等，其中以实验阶段一学期的期中考试和高职学生B级统考成绩为主要评估手段。为进一步保证实验的信度和效度，一方面设计好检测方式，保证知识能力目标到位；另一方面保证实验班75%以上学生能利用微机进行定期课后学习，并对学生的学习过程进行了解、记录。

网络化学习有一定的优势，如灵活的时间安排、友好的交互界面等。基于网络的英语学习以及课后复习活动应充分体现学生学习的自主化和个别化特点，强调以学生为中心，也要对学生的学习进行适当的管理与监控、反馈，使网络的运用能够对学生的知识意义建构起到完善的支持和服务作用，更有利于学生选择有效的学习策略，进行更为有效的网络学习。

笔者所在的学院是一所普通高职院校，课题组通过对网络资源大课堂的利用与开发，在缩小教育资源差别方面进行了有益的尝试，以期为同类学校提供一定的启发与借鉴。网络学习是一种新的学习方式，对于这种学习方式的研究尚在起始阶段，所以必须对此开展更为深入的探索，以获取更多的经验和有价值的信息。

第五节　基于网络平台的"工学结合"项目化教学

一、工学结合人才培养模式

工学结合、半工半读是近年来职业教育使用频率最高、最热门的话题。工学结合又称合作教育或与工作相结合的学习。实践与工作相结合的学习是："将课堂上的学习与工作中的学习结合起来，学生将理论知识应用于与之相关的、为真实的雇主效力且通常能获取报酬的工作实际中，然后将工作中遇到的挑战和增长的见识带回课堂，帮助他们在学习中进一步分析与思考。"

威尔逊·莱昂斯认为："合作教育可以使学生将理论学习与实践操作相结合，从而加深对自己所学专业的认识。"工作与学习交替使学生看到了自己在学校中学习的理论与工作之间的联系，提高了他们理论学习的主动性和积极性。学生在合作教育的过程中跳出自己的小天地，与工作人员接触，加深了对社会和人类的认识，体会到与同事建立合作关系的重要性。合作教育为学生提供了通过参加实际工作来考查自己能力的机会，也为他们提供了提高自己适应环境能力的机会。学生亲临现场接受职业指导、经历职业训练，了解到与自己今后职业有关的各种信息，扩大了知识面，开阔了眼界。合作教育为许多经济原因不能进入大专院校学习的贫困学生提供了经济来源和接受高等教育的机会。合作教育使学生经受实际工作的锻炼，大大提高了他们的责任心和自我判断能力，变得更加成熟。合作教育有助于学生就业的选择，使他们有优先被雇主录用的机会，其就业率高于未参加合作教育的学生。

二、项目化学习

（一）基于项目学习的特点

项目课程是国际职业教育课程改革的主要趋势。美国教育专家归纳基于项目的学习具有以下特点：围绕问题和项目来组织课程。让学生作为风险承担者。产生一个学习环境，老师在其中能够教导和帮助学生对问题深层次地理解。脱离现有的短时间的、教学分离的、以教师为中心的课堂教学方式。强调学习活动应该是长期的、以学生为中心的、与真实世界的问题和实践相结合。帮助学生学会结合实际来使用他们的头脑，应用他们所学的，具有一定的技术素养，以获得21世纪所必需的技能和自信，如和其他人共同工作的能力、做出深思熟虑决策的能力、创新的能力、解决复杂问题的能力，允许多样的学习风格。

由于以前的职业教育课程结构来源于学科结构，所以，在形成以项目课程为主体的职业教育课程结构时，必然要重新划分课程门类。课程门类的划分要以工作任务之间的区别为边界，而不是以知识之间的区别为边界。学生通过基于工作过程的不断学习，学到了具有普适性的工作思路，随着学习的不断深入，所能完成的工作任务越来越多、越来越综合，对学生进行职业行动能力的培养目标得到了实现。

（二）工学结合培养模式下的项目化学习

1. 培养目标

总体目标是以就业为导向，满足社会经济需求，培养具备良好的职业理想、职业道德的数以千万计的高技能人才和数以亿计的高素质劳动者。具体目标是培养符合行业、企业和社会需要的、具有较强实践能力与理论素养的技术型或技能型人才，必须使受教育者能够独立自主地计划、运行和控制自己的工作任务。

2. 培养内容

培养内容是对知识—技能—态度进行整合，培养学生的综合职业能力。在专业设置、教学计划、教学大纲、课程设置、教材编写等方面进行教育与生产的结合，使培养内容既有针对性又有适应性，既能服务当前职业需要又能满足终身学习的要求。综合职业能力包括三方面能力：基本能力是从事社会职业活动所必须具备的基本、通用的能力，是作为一个现代职业人必须具备的基本素质和从业能力；专业能力是适应职业岗位的能力，是作为岗位技术人员必备的能力；关键能力是一种可迁移的、从事任何职业都必不可少的跨职业的能力，是学生适应社会发展、技术进步、岗位变换及创业发展等所必须具备的能力。

3. 培养方法

培养方法是以实践过程为导向，通过工学交替型或工学并进型的方式，用人单位和学校进行的合作。在结合中，使企业参与教学过程，共同实施教学；让学生有效地参加生产和社会实践活动，进行顶岗实习，具备一定的经验技术、熟练的操作技能、解决问题和创新的能力，具备较强的动手能力和实践能力，实现教学与企业之间用人"零距离"。

三、基于网络环境的项目化学习

（一）课程体系特征

基于网络的项目化课程体系应具备以下几个特性：

开放性。课程要与社会现实、学生需求相适应，改变过时、陈旧的课程内容和课程结构，开发动态的具有"弹性"的课程体系。

综合性。传统的学科课程体系以学科为中心，形成了交叉、重复甚至多余的现象，这些问题必须通过课程综合化加以解决。

能动性。课程体系应该是一个可变的组合，不同学习对象需要设置不同课程，并有机组合；同一类学习者也需要设置多种课程并有机组合；某一课程也需要形成理论知识、学习活动、能力培养等的有机组合。灵活性。网络环境下课程的学习主体是学生，即学生可以用不同的思维方式、不同的学习形式，根据自身的基础条件、兴趣、个性选择学习的方法，调整达到目标的速度。

（二）基于网络的学习

网络环境能提供一个逼真的问题情景。利用信息技术，通过文本、多媒体等多种方式去呈现问题，创设一个逼真的、尽可能接近现实生活的问题情景，不仅可以激发学生的兴趣，还可以使学生从多方面、多角度、多渠道去认识该问题，从而对要解决的问题有比较深刻的理解，便于后来的探究和学习。

网络协作平台便于交流协作。利用网络协作平台或是各种交流通信工具，如 QQ、电子邮件、视频会议系统等信息传递的即时性，能加快学生之间的协作、交流的速度。网络可以跨越地域和时间的界限，允许不同学习背景、不同地区的学生组成学习小组，去探究同一问题。

网络环境中学习资源获取多样化。网络作为传输信息的载体是一个巨大的资源库。学生能通过搜索引擎查询到所需要的资料，也可以通过给教师或相关专家发送电子邮件来获取自己需要的信息和知识。随着动态网页技术逐渐趋向成熟，网络信息的交互性功能变得更强大，学习资源的形式也变得更生动、感性。

网络环境有利于教学的交往。网络环境在某种程度上消除了面对面时教师与学生之间的紧张氛围，通过网络通信工具拉近了师生距离。网络环境下，教师群体也相对扩大了，学生对于一个问题的探讨，可以和多个教师甚至教师群体外的专家直接联系、直接质疑。

（三）项目化学习的实现步骤

教育部职业技术教育中心研究所姜大源教授认为：工作过程是完成一项工作任务并获得工作成果而进行的一个完整的工作程序，是一个综合的、时刻处于运动状态但结构相对固定的系统。尽管工作的方式、内容、方法、组织、工具均会发生变化，但完成工作任务的六个步骤——资讯、决策、计划、实施、检查、评估则相对固定。教师在教学中按照这六个步骤设计教学过程，让学生通过"获取信息、制订计划、做出决策、实施计划、进行检查、评估过程与结果"，在自己的实践中掌握职业技能、学到专业知识，从而整体、自我地获取经验且构建应用知识体系。以高职院校文秘专业、营销专业、商务英语、旅游管理、旅游英语、导游、酒店管理专业等为例，这些专业的课程不同程度地涉及酒店英语课程，而且在高职公共英语课程或《大学英语》中也有编排。目前有关酒店英语实务教程的教材达30多种，令人眼花缭乱。笔者从项目课程的角度出发，将各种教材上的酒店英语的内容进行了筛选与整合，与学院实训基地的工作人员合作，以南京易学"天空教室"系统为基本网络平台，制作了"酒店英语"网络课程，使其内容丰富而完整、理论与实践相结合，不但对酒店英语服务技能和服务规范做了专业的归纳和总结，而且结合实际的工作环境精选实用句型千余条，为学生学习提供了丰富实用的资料。

基于项目的学习让学生围绕项目来找出问题、制订行动方案、收集资料、解决问题、进行决策、完成研究过程，并最终呈现作品的学习方式。酒店英语细分为预约、接待、行程安排、客房服务、投诉、反馈等多个环节。在学生学习了酒店英语的各个节点课程内容之后，立即被安排到涉外酒店进行实训。作为实训基地的酒店也有专门的教师带班，能够及时发现学生实训中存在的问题。传统的教学方法转变为以学生为主体，以项目为导向，以培养学生实践能力、创新能力和综合素质为目标的新的教学方法。知识技能的教学从以教师为中心转变为以学生为中心，由章节单元教材为中心转变为以教学项目为中心，由学生以课堂接受为中心转变为以自己的实际行为为中心。

实践证明，基于网络的项目化学习过程能够有力地实现工学结合模式的预期目标，启发学生的创新精神，大大增强了学生的职业岗位适应能力，培养了学生的团队协作精神、职业道德精神和人文关怀精神，强化了学生的责任意识；能够更好地培养学生的职业能力，提高学习效率，形成综合职业能力。专业设置市场化、课程设置模块化、教学内容职业化、教学组织灵活化、教学过程开放化、教学团队双师化、实训条件真实化、质量评价社会化等工学结合人才培养模式的特征能得到进一步体现。

第六节 公共基础课信息化教学及效果评价

一、国内外信息化教学发展现状

基于现代教育理念和现代教育技术的信息化学习方式研究，很早就已经在国外蓬勃开展。在我国高等教育领域，由国家级精品课程项目带动的网络课程建设蓬勃发展，积累了一些体现现代教育理念的基于网络的自主学习、合作学习、探究学习、混合学习的教学模式与方法，以及与之相关的资源建设与应用的经验。

综观近年来发表于各类期刊的相关论文，讨论高等院校学生信息化课程改革的论文数量，尚不能体现信息时代的网络化学习的趋势。在中国学术期刊网全文数据库或硕博论文库里以"信息化学习""公共基础课""教学模式""效果评价"等为关键词或摘要进行模糊匹配高级搜索，相关适用的数据很少。有调查显示，目前大多数高职院校虽然具备了网络、多媒体的技术平台，但是教学资源库的建设与开发、信息化学习模式研究等种种原因却有待进一步发展。

二、基础课信息化教学的意义及价值

（一）推进高职教育基础学科的长期良性发展

高职教育发展前景广阔，为了进一步实现劳动和社会保障部提出的人才核心能力培养的目标，努力研究公共课培养学生核心技能的意义和策略，更圆满地实现"培养适应现代化建设需要的高技能专门人才和高素质劳动者"的根本任务，担负着培育学生职业核心能力重任的基础课程，呼唤着以现代教育技术为主线的信息化教学改革。

（二）探究高职院校课程学习新模式

基础课在高职院校基于核心能力培养的素质教育中占有重要地位，针对高职院校这一特殊层次学生的信息化学习模式的研究与探索，其迫切性尤其突出。在高等职业教育基础课与现代教育技术整合的大课程框架之下的学习模式研究，将致力于避免过去网络化探究式学习中局限于某一具体细节问题探讨而造成的资源与精力等方面的重复与浪

费，摸索出一套实用性强、科学可行的基础课信息化学习资源库范式，使之有利于学生的个性发展，培养学生的核心能力。

（三）建构一种新的信息化学习文化

信息化学习是为了回应和迎合信息社会的到来而适应信息社会要求的一种新的学习文化。这种新学习文化的特点是终身学习、自我管理的学习、协作的学习、主动的和自我完善的学习，具有开放性、灵活性和分布性的特点。对信息化学习平台科学利用的拓展性研究，将有力推动公共基础课程教学改革，为基于核心能力的创新型人才的培养与终身教育的实现打下坚实的基础。

三、基础课信息化的目标与内容

（一）信息化建设的目标

信息化建设与应用主要是指在信息化学习环境中，利用信息化学习资源，以自主学习、合作学习、协作学习等方式进行学习。立足信息化资源共享平台，在信息化系统平台上建构公共课程资源库，研究如何引导学生利用网络学习资源，实现网络学习的交互，通过意义建构的方式获得课程知识，是形成对知识或概念的多角度理解，深入探究信息化环境下学生的个性化学习与职业核心能力培养的途径。这将为加强高职院校信息化教学模式、教学策略、教学资源库的建设与应用研究提供重要的借鉴与参考。

（二）信息化发展的内容

充分利用信息化水平很高的国家级精品课程、省级精品课程资源，开展信息化学习环境、信息化学习资源和信息化学习方式的行动研究。探究在多媒体计算机网络上运行多媒体、超文本、超媒体等材料的利用模式，通过各种在线学习、同步或异步学习方式、开发信息化学习资源。在基础课大课程观的前提下进行一系列的学习模式、评价手段的改革与探索。

信息化发展的具体内容包括如下几个方面：信息化的研究性学习教改模式探究；信息化动态自主—协作学习模式研究；信息化环境下个别化自主学习能力培养教改模式研究；信息化环境下学习质量评价（量规评价）实践研究；基于信息化教学平台的利用与职业核心能力培养的效度研究；信息化网络系统的资源更新与优化配置。

四、信息化教学改革的思路与方法

（一）公共课教改思路

借鉴国内外信息化学习理论研究的进展，关注理论的原创因素；立足国内信息化学习资源建设与应用的实际，关注其面临的现实问题。紧密结合创新教学模式和信息化学习资源进行整合和应用，围绕高等数学、公共英语等核心基础课程以及数学建模、英语文化、大学语文等选修课程，基于现有的信息化平台，完善既有各自学科体系特点又能交叉渗透、互相融通的信息化高职公共课程架构，充分利用网上资源进行教与学活动，提高信息化学习资源建设与应用实践中的效能。

在信息化资源共享的平台上进一步优化精品课程、网络课程的体系与课程结构。在教学模式的设计上，坚持以"学生为中心"设计学习形式，以学生活动为主要特征（如热点调查、专题研讨、问题解决、主题实践等）设计教学项目。依托公共课信息化教学资源，开展以教师为指导、以学生自主学习和研究为主线的探究式学习活动。在教学的时空安排上，打破传统课堂教学局限，注重课内学习与课外学习相结合、个体学习与合作学习相结合、网络学习与教室学习相结合、课程学习与竞技学习相结合等多样化的学习方式，使学生能够通过多种途径获得相应的知识与技能，实现知识建构、能力锻炼、素质提升的教学目标，实现学习过程、感悟过程和核心能力培养过程的内在统一。

（二）信息化教学改革研究方法

不断完善资源库内容与结构，进行问卷调查与访谈，注意学习方式与习惯养成的观察，关注信息搜集与处理、与人交流等核心能力的实现方式，对学生学习过程以及学习表现进行客观评价，能够通过定量分析和定性分析，形成对信息化资源的建设与利用效度、信息化学习模式、信息化环境下评价方式和学生核心能力形成的相关性结论。

信息化教学改革研究过程中可以运用以下几种方法：

①行动研究法。建设基础课资源平台，以部分班级为试点对象，利用大学城机房、数学实验室、电子阅览室等软硬件设施，引导学生科学有效地利用网络资源自主学习。

②调查研究法。通过问卷调查、观察、访谈，评价和修正教学设计和策略，使网络化的课程建构具有实践应用价值。

③比较研究法。运用统计软件 SPSS 对实验结果进行定性、定量分析，发现问题及时修正，不断完善课程建构。

④文献分析法。广泛收集有关的文献资料，将现代教育技术理论和方法应用到高职院校基础课程的教学中，使网络化的课程建构具有理论基础。

五、公共基础课程信息化教改创新之处

（一）培养并提升学生的职业核心能力

信息化的学习模式，能调动学生的主观能动性。学生在教师的指导下，在公共课信息化学习资源和研究型学习平台中主动地参与知识的发现与体验，自我分析、自我完善，使所学的知识内化为一种稳定品质，从而提高学生的核心能力和综合素质。

（二）实现教与学的融合

教与学双方交流、沟通、探讨，以学生活动为基本特征，改变传统的"灌输式"教学模式和学习方法。开放性的学习资源和研究型的学习平台为不同层次的学生提供了一个多样化、多元化的成才空间，激励学有余力、学有专长的学生超前发展，促进基础较弱的学生在学习中获得自信，得到相应发展，达到"以学生发展为本"的目的。

六、教学效果评价

（一）评价方式的变革

为了引导学生高质量地自主学习，较好地完成知识的建构，教师的教学设计以单元为话题（研讨项目），组织学生在课前利用网络平台查找资料、交流与单元学习内容相关的资料等；课堂上利用计算机网络平台以小组的形式呈现学习内容；课后展开进一步学习讨论，在网络上完成"电子作业"、小组之间的互评。教师根据学生的学习表现与网络作业对学生进行评价。

在进行课程教学的过程中，坚持"以学生为中心"的形成性评价和发展性评价，将观测点聚焦于学生的平时表现，如对学生进行个案研究、访谈，鼓励学生在课堂上积极提问、参与小组讨论，关注学生课堂学习时的精神状态和情感态度，创造轻松愉快的学习氛围。在指导学生进行自主学习的过程中，引导学生科学合理地利用多媒体、网络平台进行学习活动，使学生逐渐形成信息搜寻与利用的能力。学生利用信息量大、资源丰富的网络化现代教育平台学习，良好的互动模式有利于培养学生的交流能力。

结合学生在网络平台上开展讨论的情况、网络学习的次数与时间等因素，对学生进行综合评价。学习总评为学生在整个学期成长过程中的表现、实践能力的形成状况、理论知识的掌握情况和期末测试等多方面的绩效评价。

（二）问卷数据分析

教师通过问卷调查、观察、访谈、统考成绩分析等手段对学生的学习效果进行定性、

定量分析，从而对学生的学习效果做出公平合理的评价。问卷涉及兴趣、动机、学习策略、认识、创造性、评价几个方面。数据表明，学生十分赞成基于网络的学习方法，他们普遍希望继续进行实验期间采用的学习方式，认为网络课程建立了他们的网络信息搜集技能、语言学习技能和英语文化认知。实验组学生在学习方式及学习成绩方面都有很大的进步。访谈和问卷调查都表明，学生利用网络进行语言学习，根据教师的要求完成一定的学习任务并得以巩固，基本实现了自主学习。

学生利用现代网络技术所提供的丰富学习资源进行学习活动，提高了学生的学习兴趣与学习成绩。网络化学习的交互性特点有利于开拓学生的思维，锻炼学生运用技术手段探究问题、解决问题的能力。网络学习环境的开放性培养了学习者良好的素质和学习风格，学生进一步成熟。学生大多数能进行主动意义的自我管理和自我调节；学生能对学习内容进行主动归纳，实现对知识、技能、情感态度等内容的主体性建构。学习评价方式的改革激发了学生学习的主动性，提升了学生的学习能力，有助于提升学生的可持续发展能力。

第六章　高职英语教学创新研究

高职院校的英语教学需要不断创新。通过创新教学的模式和方法，丰富教学的内容，增强高职院校英语行业教学的水平和效果，培养学生的创新意识和学生的实践能力。

第一节　新媒体下的高职英语教学

随着计算机技术的不断发展与进步，数字信息化技术也在不断优化和完善，使得信息化教学模式获得了很多教育者的关注。这样的发展趋势不仅可以优化以往教学模式的劣势，还可以提升有关学科的教学效果。信息化教学是对当代先进教育技术的合理运用，同时也是新教学理念的完整体现。对于教师来说，想要使学生取得好的成绩，要先为学生提供良好的情绪环境，激发学生对学习英语的兴趣，但从现状来看，传统的教学形式较为枯燥、乏味，常常无法获得良好的成效。所以，引入信息化教学模式对于高职英语教学有极为积极的促进作用，可以激发学生学习的兴趣和主动性。在一定程度上还能够加强师生间的交流，缩短老师和学生之间的距离，同样还可以改善传统教学的缺陷和弊端，进一步加快英语教育改革的步伐，从不同层面提高学生学习的积极性，为促进高职英语教学的创新奠定基础。

一、信息化教学理论概述

（一）信息化教学的定义

信息化教学是相对于传统教学而言的一种现代教学模式，是以信息技术为支撑的，所以将其称为信息化教学。信息化教学模式通过信息技术手段来推进学生的自主学习能力，也是提升学生认知及情感激励的一个工具，借助信息技术自主探索、多重交互、合作学习、资源共享的功能，促进高职学生创新思维与实践能力的强化和锻炼。

（二）信息化教学的理论基础

信息化教学的理论基础有三大方面，分别为建构主义理论、多元智能理论、系统科学理论。建构主义由心理学家皮亚杰提出，强调学习者的主动性。多元智能理论是由教育学家加德纳提出的，这一理论倡导孩子具有多种智能理念，指出每一个孩子的智能都是多方面的，并没有拘泥于一种智能机制内，其智能机制总共有八种；每个孩子的智能形态是各不相同的，或许孩子某个些方面的能力较强，或是某些方面较弱。其不同方面的智能机制会呈现一定的差异性，因而，教师在教学过程中要平等、公正地看待每一位学生，依据因材施教的原则来教育和引导学生。而系统科学理论属于一种新兴的科学方法论。教育需要三方的积极作用，需要关注学生之间的差异性，鼓舞并发掘学生的长处，从整体上提升学生的能力。

二、新媒体在高职英语信息化教学中的优势

（一）拓宽并充分共享教学资源

新媒体平台的应用，一方面，可以拓宽英语教学资源，学生之间可以在最短的时间内共享有价值的学习资源；另一方面，借助线上学习平台、云班课平台、翻转课堂、微课等，拓宽学生的学习途径。基于新媒体环境下的网络教学不仅提高了教学信息的传播速度，如微信朋友圈的实时转发，而且可以在短时间内使一篇英文视频的传阅量高达上百次，使学生方便地共享学习资源。

（二）形、声结合，示范信息标准化

世界是由不同的个体组成的，且每个人的能力都是有限的。高职英语教师也是如此，在教学过程中，他们也无法保证其所教授的每一个知识点或示范信息都是准确无误的。然而，这正是问题所在，如若把带有误差或错误的知识信息传授给学生，学生想要在后续改正这些错误的信息是极为困难的。比如，很多英语教师带有鲜明的个人特色，在讲课方式上无法避免地带有浓郁的方言口音，其所教授的学生的英语口语表达也会带有极为强烈的地域性。而信息化教学就能够彻底地根除这一问题，如借助信息化教学设备开展微课教学，可以把不同技术手段进行融合，如视频、动画、图片的结合。此外，教师还能通过新媒体平台去收集一些教学材料，从表现形式和内容传达方面不断优化其教学实质，以新颖的方式来吸引学生的注意力，强化其对课程的热爱，进而提升课程的教学效果。教师可以通过微课课件来提高教学素材的标准化水平，利用信息化教学设备所具备的语音播放、领读、听力测试等功能，以形声结合、标准化、示范化的教学形式来完成教学过程，有效地规避误导信息的出现，从整体上对教学活动加以良好的示范和引导。

以英语阅读为例，首先，教师可采用赏析法、情境教学法来为学生播放英文视频，在此基础上，借助问题教学法，提出几个相应的问题，要求学生进行思考并解答。例如

视频讲述了一个怎样的故事？你喜欢故事中的谁？其次，在学生充满探究兴趣的同时，教师要规定时间，让学生在限定的时间内读完文章内容，理清文章脉络。这样做可以训练学生快速阅读的能力，有助于学生在最短的时间内掌握事件的起因、经过、结果、发展顺序等，进而为提升学生的阅读技能打下坚实的基础。

（三）增强学生的学习自主性，培养浓厚的学习兴趣

兴趣是最好的老师，是学生取得良好成绩的动力源泉。如若高职学生欠缺一定的学习兴趣，就会导致其厌学的心理，进而影响教学成效。在以前，授课教师是课本知识的传递者，可以帮助学生解答疑惑的问题。在教学中教师是课程的讲授者，而学生只是这一实践活动中知识的被动接收者。以学生为中心的教学模式，需要将学生当作课堂教学的主体，在教育教学大纲的指导下，按照学生的身心特征以及学习基础来合理地设计教学过程。采用"先学后教"的方法开展课堂教学任务。例如在通过微课开展教学活动时，教师要从一些富含成功经验的事例中提取教育素材，总结、梳理、归纳课程所需要的教学材料，以激励为着手点，促进学生自主探究技能的有效开发和提升。教师应通过带有积极、正向、引导性的微课视频和趣味性故事来吸引学生的注意力，并通过微课导入课程内容；还可以在讲解过程中插入微课视频，从而把教学和微课恰当地结合起来，进而提升教学成效。课堂教学活动实施过程中，教师对重点、难点内容的深入解析，对于疑难点，合理地运用信息化教学设备，借助教学设备上带有的动画功能，设置特定的角色任务、角色情绪来提高学生的关注度和参与度，帮助学生养成分析和思考的习惯，并激起强烈的学习兴趣。

三、从新媒体看高职英语教学中存在的问题

（一）教学理念与教学实践不协调

高职英语教学需要符合新教学理念的标准，然而，由于应试教育观念的制约和影响，导致高职英语教学的观念延续了以往的教学思想，关注的是学生的考试成绩，缺乏对学生创新思维的培育，教学模式和内容也和以前的一样，授课内容缺乏新颖性，阻碍了新时代学生新思维的养成，所以有必要改变传统的教育思想，侧重于创新和想象能力的培养，鼓励学生发挥主观能动性，助力高职学生拓宽新的视野和增强创新意识。

（二）学生缺乏英语学习的积极性

在课堂教学活动中，教师是教学活动的引导者，是学生成长发展的引路人，其所发挥的作用极为关键、重要。一个出色的教师对学生的学习有重要作用。目前，就教育行

业的整体现状而言，教学形式具有很大的滞后性，高职英语教学的目的较为单一，教学内容的扩展性、探究性以及现实意义较为浅显，没有考虑对学生学习思维的培养。教师的教学过程过于模式化、组织化，忽视了学生在该活动中的主体地位，学生自己的思考时间和探究时间过短，干扰了学生良好思维逻辑能力的养成。

（三）传统教学模式面临考验和挑战

随着新媒体技术的持续优化和推进，学生的学习理念也发生了很大的变化，对高职院校的英语教学也带来了相应的影响和改变。其中英语作业形式的变动最大，不同形式的手机练习APP不断运用于教学实践中，具有取代以往英语作业模式的趋向——背诵英语文本。例如，以往的作业形式为课文的反复背诵、单词的反复抄写，以及习题练习等，不仅无聊、乏味，还违背了学习英语的初衷——英语口语的交际性，进而造成学生虽具有英语写作能力，但口语能力无法获得提升。然而，不同形式的手机APP以及计算机学习软件的开发和运用，改变了传统的习题练习、课文背诵、单词抄写的作业形式，学生除了会写之外，还可以通过手机软件跟读标准发音，并进行阅读练习。此外，微信、QQ等软件的运用，促使学生的作业及时得到评估和反馈，老师与学生可以通过社交软件实时保持联络。因此，各类英语软件和社交软件在教学过程中的介入，给以往的教学模式带来了很大的考验和挑战，如何应对这一挑战是高职英语教学活动有效实施的要义。

四、高职英语教学中常见问题的解决之道：基于新媒体的信息化教学

（一）建设立体化的教学资源，推进教学立体化

构建立体化教学资源对新媒体背景下高职英语信息化教学有积极的推进作用，是英语教学模式改革的前提。构建多元化的学习资源平台，完成学生线上线下个性化学习的目标，推进教学立体化。发展新媒体平台的即时性、便捷性、优越性等特性，辅助教师充分运用教学平台、微信、微博等媒体软件来分享教学资料和视频资源。促使学校教学资源利用效益的最大化，使学生主体能动性得到最大限度的发挥。

（二）借助新媒体平台，构建多元教学模式

新媒体教育环境下的高职英语教学改革可以使整体的教学效果取得相应的进步，使英语教学变成提高学生英语综合素养与知识的平台。然而，高职英语教学的过程中还伴随许多难题，学生取得的英语成绩并不乐观，所以教师要更新教学观念，构建多元教学模式，提高学生对英语知识学习的渴望。例如就英语阅读而言，可以通过构建多元教学

模式来提高学生英语水平，阅读的方法主要有以下两种：第一，直观阅读方法，由于学生处于大学教育阶段，逻辑思维已得到完全发展，直观的事物有助于强化思维惯性。然而新媒体的信息化平台和以往的英语教学方式不一样，信息化教学有鲜明的动态性，而且很直观。所以，教师应向学生介绍新媒体信息化教学平台的优点，激起他们的阅读热情；第二，比较阅读方法，新媒体阅读平台拥有丰厚的阅读资料，具有成本低廉、访问便捷、形式多样等特征，教师要引导学生将信息化阅读与教材内容进行结合，并比较阅读，以提升学习的主动性，扩大阅读内容。

（三）开发实践性课堂，培养学生的实践创新能力

在高校教育中，需要将社会教育、实践性教育与课堂教育工作进行协调、平衡，让学生接收到更为全面完整的教育，提高学生的实操能力，为学生灌输写作交流的学习意识，进而积极配合学校教学任务，优化并完善教育过程。教师要擅长利用信息技术，给学生布置学习任务，通过实验教学，让学生在观察与探究过程中，获取知识。鼓励并引导学生在实践的过程中提升自身的创新能力。例如让学生分别收集相关的课程信息，通过多媒体课件进行汇总描述，并展示学生在信息化平台所查找的课程素材。这一过程有助于培养学生解决实际问题的能力，并激发其学习自主性，促进学生向更为全面的方向发展。

（四）趋利避害——规避信息化教学误区

与其他媒体工具一样，新媒体平台中不适当的内容可能导致或加深学生对某些社会现象的误解。首先，高校学生的媒介批判能力、鉴别能力较低，容易受网络不良价值观的影响。其次，高校学生过度依赖媒介平台。在新媒体时代，学生获得信息的重要渠道是互联网，互联网以其自身优势给大学生提供了便捷的信息获取途径。但是，网络在带来丰富信息渠道的基础上，也存在大量的娱乐性活动和虚构性场景。很多学生的自控能力较差，容易受到影响，沉浸于网络之中，使得现实的人际交往能力下降，课业成绩下滑，严重影响了现实生活。所以，要消除这一负面影响，隔绝这些潜在的威胁和挑战，就需要教育工作者及时采取强劲有力的措施来防范化解。最后，教育工作者在通过信息化模式教学的时候，要及时关注学生的动态，帮助学生筛查课件内容，助力学生积极学习习惯的养成，培养正向的主流价值观，并推荐带有正向色彩的学习软件。

处于新媒体大背景下，信息技术的发展给高职英语课堂的创新教学带来了无限的可能。信息化教学是一种新的教育教学模式，它的优势也很明显，可以明显地提高学生的学习热情和学习效果。在高职英语教学过程中，教师要在教学模式与内容层面不断优化完善，运用更适合学生的教学方式，训练学生快速理解难点的能力，有助于学生英语学习技能的提高。

第二节　工学结合下的高职英语 RICH 教学

随着国民经济水平的不断提升，我国供给侧结构性改革已初见成效，不再是以往"粗放型"高速经济发展方式，而是追求"精细化"高质量的经济发展方式。经济发展更注重质量，主张专业的事由专业的人来做。在企业招聘时，用人单位会以多种方式考察应聘者是否具有与招聘岗位相匹配的专业素质。作为向社会输送专业技术型人才的主力军，高职院校要始终坚持以学习与工作有机结合的教育模式指导，通过对高职教育教学课程体系进行改革，探索高职教育新方法。其中，保持对高职英语教学法的研究，一直是高职教育教学课程体系中改革不可或缺的一部分。

一、工学结合视角下高职英语 RICH 教学法的认知

在今天，高职院校培养出来的人才，具备专业技术性强、实践利用率高的特点，这一观念已经根植于社会公众以及用人单位的心中。随着我国国际化水平的提高，社会上对英语专业高质量人才的需求越来越大。随着时代的发展，传统的高职英语教学方法不再适应新形势，各大高职院校不得不创新高职英语教学方法，提高高职英语教育教学水平，进而提升学校的社会认可度。从传统的高职英语实际现状出发，找到适合高职英语发展新形势的 RICH 教学方法，变得越来越重要。

（一）传统高职英语教学现状及存在的问题

在传统教学机制和有效运作方面与人才培养全过程的衔接还不够顺畅、协调，在课程设计方面没有注重对学生专业素质的培养；在如何培养学生的自主意识、注重提升能力、增加教学平台多样性、模拟实践环节等方面，达到与学校人才培养方案融为一体，还需要做大量的工作。

1.课程设计与学生专业素质培养缺乏有机结合

不少高职院校所开设的英语教学课程，没有与实践有机结合形成系统的课程体系，还存在与学生英语专业素质脱节的现象。现在大部分高职院校对于高职英语的课程设计，还仅仅停留在对学生听、说、读、写表层能力的培养上，缺乏深层次的、有针对性的课程内容。比如，对于能够真正提升英语交流能力的外教课程，数量少，而且质量不高。在实际工作中，一个真正符合企业用人需求的高素质人才，应该兼具高超的专业技术及沟通交流和团队协作能力。但是现在大部分高职院校的课程设计，缺少将学生素质教育

融入专业课的部分，缺少符合社会新需求的课程内容。

2. 教学方式单一，缺乏针对性

在大多数高职院校的英语教学体系中，主要是通过课堂授课等传统教学形式，只停留在意识培养的初级阶段。学生只能通过教师对书本的讲解，来达到对英语专业表层的理解，以致学生学习过程中缺乏明确目的，学习兴趣得不到有效培养，进而导致学习失去动力。在个性培养和实操环节缺乏有效的教学手段和针对性、实践性的教学资源的利用。单一的课上授课、课后习题辅导的传统教学模式，导致学生只是一味地被动接受知识，不利于高素质、专业实践型人才的培养，更不利于高职院校提升自身办学治校水平。

3. 学生的自主学习能力较差，缺乏积极性

在传统的高职英语教学课堂上，教师作为主导者，学生处于被动接受知识的地位。对于英语教学环节，学生是没有参与决策的权利的，只能按照教师的安排，机械地完成课堂任务。对于教学内容缺乏参与感，就会造成学生缺乏英语学习的积极性，课堂氛围沉闷、乏味，降低英语教学效果。传统的高职英语教学使学生长期处于被动学习的状态，不利于英语实际运用能力的提升，更不利于学生自主学习能力的培养。

4. 教学平台资源短缺，缺少实践性

在传统的高职英语教学中，实践平台的载体较少，限制了学生对于日后实际工作的环境体验认知，进而导致学生对所学专业仅仅停留在表面的了解上，不利于专业应用型人才的培养。另外，传统的高职英语教学师资力量中，缺少理论联系实际的实践操作经验，也是导致传统高职英语教学缺少实践性的原因之一。国内相当一部分高校教师是学校毕业后直接进入学校任教。虽然理论基础好，但缺乏专业实践经验，不能有效地将英语专业知识应用到学科实践教育中去。

（二）与传统教学法相比 RICH 教学法的优势

RICH 教学法以培养学生的自主学习能力为目标，课程设计上依据当今社会发展新形势，将专业素质培养渗透到专业技术授课的每一个环节中。与传统英语教学法相比，RICH 教学法教学方式多样化，不受传统教学模式的限制，平台资源广泛。RICH 教学法选用具有时效性、实用性的教学内容，提升学生的学习兴趣，提高学生的积极性。采用灵活多变的教学方法，鼓励学生主动参与授课方式的讨论，增强学生主观参与感和存在感。而且，与传统高职英语教学评估方式不同的是，RICH 教学法更注重对学生英语自主学习能力和应用能力的考查。所以说，RICH 教学法更符合高职院校以培养专业实用型人才为主的发展战略。

二、工学视角下高职英语 RICH 的教学特点

在经济高速发展的今天,一种"工作+学习"的教学模式应运而生,其中 RICH 教学法是实现此教学模式的最佳方法。RICH 教学法强调恢复外语作为语言交流工具的自然属性,鼓励学生在真实语境下以积极的态度运用英语交流信息,表达观点和情感,从而达到掌握英语知识、提高综合素质的目的。RICH 教学法以培养学生自主学习能力和实践应用能力为目标,强调选择符合自身教学特点的教学内容和教学方法,完善教学评估方式,提升教育教学水平。

(一)与时俱进的教学内容

RICH 教学法在教学内容的选择上更符合当今社会的要求。传统的高职英语教学多是以课本内容为主,很少补充课外知识。这样一来,使得高职英语教学缺少时效性,无法使专业知识的传递与社会发展进步保持一致。然而,高职英语 RICH 教学法要求,教师对教学内容的设计应适应当前社会发展的新形势,在完成高职英语基础知识教学的同时,注重对具体实际工作内容的拓展。RICH 教学法注重联系学生实际,选择既符合社会需求又易于学生接受的教学内容。在教学过程中,充分调动学生的积极性,让学生由被动学习转化为主动学习,提升高职英语教学效果。而且,由于高职英语 RICH 教学法选择符合工作实际的教学内容,对学生英语运用能力的培养更具专业性和针对性。这样一来,更加符合高职院校培养专业实用型人才的发展目标。

(二)灵活多变的教学方法

RICH 教学法在教学方法的运用上更加丰富多样。传统的教学方法以单一的课堂教学为主,而 RICH 教学法教学方式多样,依据学生的需求特点进行教学。在 RICH 教学法中,要求教师作为一个引导者的角色,在英语课堂上引导和启发学生自主完成学习任务。学习的主动权掌握在学生自己手里,提升了学生的课堂参与感和存在感。教学过程中不再是传统的"老师讲学生听"的单一教学模式,而是在兼顾英语基础知识的同时,尝试以小组竞争制等新的教学方法,注重培养学生的英语学习能力。通过组织各种主题研讨活动,提高学生参与课堂的积极性,营造活泼、生动的英语课堂氛围。高职英语 RICH 教学法不仅是为了传递知识,更注重对学生能力和专业素质水平的培养。

(三)全面的教学评估方式

RICH 教学法的教学评估方式考查的范围更加全面。传统的英语教学采取"一考定乾坤"的教学评估方式,所以有不少学生平时不注意知识积累,依靠考前短时间内的复

习达到应试的目的，不利于学生掌握英语知识和提高英语运用能力。而在 RICH 教学法中，教学评估方式包括笔试、口试和日常学习过程性考核三部分，其中学习过程性考核占总分的 60%，笔试和口试占 40%。日常学习过程性考核内容，主要是针对学生在英语学习过程中的作业、笔记、课堂表现等项目的量化考核。笔试内容包括英语词汇量、语法等基础知识的考查，以考试试题的形式测试学生掌握英语知识的水平。口试内容包括测试英语发音、语调、表达、交际策略等的考查，以情景模拟对话的形式测试学生实际运用英语的能力。

三、工学结合视角下研究高职英语 RICH 教学法的应用措施

在高职英语教学中，不仅要学习高职英语要求的英语语言基础知识，而且需要拓展学生英语语言应用能力。其教学目标要培养具备专业相关的生产、建设、服务和管理方面的英语语言技能，培养学生用所学的英语语言知识来处理与未来职业和就业岗位相关的业务。而 RICH 教学法的本质就是让普通教师拥有课程决策权，把学习的决策权赋予学生，通过学生自主的、生动活泼的课堂教学，展现语言教学的最大魅力。

（一）改变灌输式的教学方法，倡导体验式的互动学习

以往的教学方法以老师课上讲、学生只管听的灌输式教学为主，这种机械式的教学方式最终导致学生的学习积极性不高，自主学习能力丧失。高职英语 RICH 教学法将根据课程特点，改变传统的灌输式授课方式，提出体验式的互动学习。体验式的互动学习以学生为主体，在授课教师的引导下，通过学生自己设计、筹划教学环节来完成教学任务。体验式互动学习将依据学生特点进行教学。对于英语基础知识掌握扎实，口语交流能力不强的学生，教师多以情景模拟的形式开展课堂活动，以此锻炼学生的英语语言运用能力。倡导学生在快乐中学习、在参与中学习、在错误中学习，练中学、学后用。有利于学生将专业知识与实践学习融合在一起，这将极大地促进英语专业学习，提高高职英语教学水平。

（二）改革教学内容，注重学生专业素质的培养

高职英语教学以培养英语专业实用型人才为目标，为适应企业需求提供专业技术指导为发展方向。一直以来，传统的教学内容并不以专业实用性为主，有的甚至与日后的实际工作脱节。这就导致传统的教学内容无法为实际工作提供便利，进而提升工作效率。所以，应用高职英语 RICH 教学法通过改革高职英语教学内容，要求授课教师将已有的专业知识与就业实践结合起来，提升教学效果，打造有效课堂，提高英语教学水平。课堂教学内容的设计不仅包括英语基础知识的教学，还包括学生英语专业素质的培养。以

课上拓展训练的方式，对日后的工作场景进行模拟，包括一系列企业内部环境和外部环境，让学生对今后的实际工作有新的认知。在这一过程中锻炼学生的沟通交流能力和团队协作能力，提升英语专业素质，为日后的实际工作积累经验。

（三）完善教师培训工作，提高 RICH 教学法教学水平

目前大部分高职英语教师因为毕业后从事专业教学，而相对缺少实际专业性的工作经验。学校可以采取邀请英语专业领域的成功人士来校讲座形式，提升学生的专业实践性认知。以解决学生存在的专业实践方面疑惑为出发点，开展主题性讲座。由于高职英语教师对 RICH 教学法没有系统的培训学习过，而且对于应用 RICH 教学法进行高职英语教学缺少经验。为解决这一问题，学校可以邀请从事 RICH 教学方面教学工作的专家，对 RICH 教学进行专业性介绍，以及如何将 RICH 教学法应用于高职英语教学。教师通过学习 RICH 教学法，在日常教学中积累经验，提高高职英语的教学水平。教师培训工作不是一蹴而就的事情，应该是系统的、完善的。学校应采取定期组织学校教师学习的方式，更新教学新理念、新技术，来提高学校教学的模式创新水平。组织学校教师组成 RICH 教学法学习交流小组，对近期在实际英语教学工作中遇到的问题进行交流，积极分享高职英语 RICH 教学法的教学经验。

大力发展职业教育，提高高等教育质量，培养数以万计的高素质技能型人才，是新时代教育工作的重要任务。各大高职院校要以培养专业技术型人才为发展战略，努力提升专业教学能力，进而提高办学治校水平。在工学视角背景下，通过将 RICH 教学思想融入高职英语教学体系建设，将 RICH 教学法应用于高职英语教学实际，实现对学生自主学习能力的培养，打造高专业水平的实用型英语创新人才；高职英语 RICH 教学法必将取得良好的教学效果，在提升高职院校的英语教学水平的同时对于提高高职院校的社会认可度具有重要意义。

第三节 图式激活理论与高职英语听力焦虑教学

在传统的英语教学课堂中，教学更重视的是学生的英语阅读和写作能力，忽略了听力的培养教学。英语听力实际上不管在大学四、六级的考试中，还是日常英语口语中都占据重要地位，英语听力能力弱、听不懂英语、英语考试成绩差导致学生产生了严重的学习焦虑情绪。学生在常规英语教学中，提不起学习兴趣，考试成绩不理想便会产生强烈的挫败感。针对这一现象，本节以图式激活理论为基础，结合高职院校学生的英语听

力学习焦虑现状，探究图式激活理论在高职英语听力焦虑教学中的应用。

一、图式激活理论

（一）图式激活理论的定义

英国心理学专家 Bartlett 于 1932 年提出了图式的概念。著名儿童心理学家皮亚杰后来将图式定义为一种认知结构，在这之后，图式便被广泛地运用于心理治疗中。美国人工智能专家 Rumelhart 对图式理论进行了补充，认为图式是表征存储在记忆中的一般概念的资料结构。也就是说，图式相当于存在人脑中的经过抽象化和概念化的背景知识结构，是一种储存信息的单位。图式相当于一个完整的系统，相当于一个人认知之和。

（二）图式激活理论的概念

1. 图式的三种类型

一个人的头脑中可以存在多种不同的图式，大体可以分为三类：形式图式、内容图式和语言图式。形式图式指的人们日常生活的情景，并且不涉及专业知识。

简而言之，形式图式就是有关文章不同题材类型的相关图式。比如当人的大脑接收到一则新闻时，就会形成这样的图式：新闻开头是对主要内容的简单阐述，接下来就是详细的新闻内容。形式图式能够使人脑对语篇组织进行提前推理和预测，更方便大脑理解和记忆。内容图式和文章内容有关，也就是文章背景相关知识，包括文化背景知识、熟悉信息、关联信息、相关经验等，因此，内容图式能够帮助消除歧义，排除错误选项。语言图式是存在于头脑中的语言相关知识，包括语法知识、词汇知识等。

2. 图式在语言中的应用

图式激活理论认为，人脑对于刚输入的新信息都在原有的信息图式基础上进行处理和编码，存在于大脑中的已有的图式信息被激活，人们对于语言的理解就能加快。因此，图式对于语言理解和信息输入十分关键。

3. 图式策略

图式激活理论认为，听力输入的过程中有两种信息处理方式，一种是自下而上，另一种是自上而下。自下而上的处理模式与听者的语言结构有关，大脑中已有的语言知识图式起到了关键的理解作用，也及时从最基础的词汇、短语开始理解，从下往上理解句子、段落的含义。此时听力信息输入就是一个解码的过程，也就是听者在理解的过程中将听力材料中的声音、文字相结合，根据已有的图式，将听取的信息表述出一个语义编码进行解译。自上而下的模式则须根据已有知识理解听到的信息，不必明确全部内容，而是选择关键的信息进行判断。在该模式中，听力的主体不是听力材料，而是材料的背景意义。其实该模式关注的是背景意义的构建，而不是单纯的信息解码。

二、高职学生英语听力焦虑情绪的产生

（一）焦虑情绪的产生

1. 焦虑情绪的定义

焦虑是一种以情绪性异常为主的神经症反应，属于正常的适应行为。焦虑是对将面临危险、威胁无能为力苦恼的强烈预期。适当焦虑能够成为动力，促进注意力集中，有助于现状的改善。但是过度的焦虑会导致人心理上的自卑、效率降低、认知障碍，对正常的生活和学习造成影响。

2. 英语听力理解产生的焦虑情绪

听力的过程并不是简单的语言信息解码的过程，实际上是一种解码和再构建的过程。在获取听力信息的过程中，需要集中注意力，但是由于听力材料的未知性，许多学生在英语听力时会产生一种还没听就害怕听不懂的心理压力，整体上非常被动，并且在听的过程中情绪紧张，甚至是焦虑。这种焦虑情绪的产生会使学生在听力过程中注意力更加难以集中，使学生的认知、判断、预测产生障碍，导致在正常状态下能听得懂的信息也听不懂了。

3. 听力焦虑产生的原因

导致学生英语听力困难，引发听力焦虑的原因众多。比如，听者的词汇量有限；听者难以从信息中有效识别关键词；听者难以重复听到的内容；听者缺少听力内容的语境知识；听者难以有效地集中注意力；听者执着于听清每一个单词而忽略了整体语句意义。总地来说，造成学生听力焦虑的因素大体可以分为主观原因和客观原因。主观上，学生的词汇量缺乏、文化背景知识不足、听力训练少、发音不准、信心不足；客观上，听力材料语速问题、词汇超纲、语言背景和汉语差异较大等。种种原因导致学生听力能力得不到提高，对自己的学习能力产生怀疑，引发心理焦虑。

（二）传统听力教学的局限性

1. 传统听力教学模式

当前高职英语听力教学基本沿用传统的教学模式，教师播放听力录音，学生则集中精力注意听，听力训练仅仅是几段短小的听力对话、几篇短文，然后选择答案，最后教师给出正确答案。这种课堂听力训练实际上是将听力课变成了和考试一样的听力测试，并没有达到提高和培养的目的。实际上，听力测试已经成为听力教学的主要手段。

2.听力教学目的错位

听力教学目的一旦发生错位，会加重学生的心理焦虑，影响听力教学效果。英语听力教学的主要目的是提高学生的听力技能、口语技能以及理解技能。现有的听力教学只能提高学生的英语听力测试水平。在听力教学中，教师的作用是提高学生的听力能力。教师可以通过图式激活理论来帮助学生激活相关的英语知识图式，缓解学生的听力焦虑。

三、图式激活理论对听力焦虑缓解的应用

（一）英语文化背景知识介绍

1.文化背景介绍的重要性

语言是文化的重要载体，学习一种新的语言，只学会语法、词汇、语音是远远不够的，至少应该了解该国的文化背景知识，包括文学、艺术、科技、历史以及生活方式和风俗等。只有将语句和文化背景相结合才能高效地理解。如果缺少必要的文化背景知识，学生的听力水平只能处于浅层状态，不能将输入信息和已有信息结合起来，理解起来困难。因此，在英语课堂上，教师应该适当地给学生介绍一些与学习内容有关的英语文化背景知识，让学生在听力训练过程中能够构建一个完整的语言背景。

2.文化背景构建图式

在日常的英语听力练习过程中，在进行英语听力之前，教师向学生介绍语言文化背景，同时要求学生在课外自主学习和了解英语文化，扩充知识面，有助于学生在语言背景方面进行积累，在大脑中构建相应的图式。在听力过程中，能够将听见的信息有效地与相关图式联系起来。

（二）激活学生已有的听力图式

1.英语关键词激活

英语关键词激活属于英语听力的准备阶段，在这一阶段，只听到材料的内容是不够的，教师应该帮助学生找出听力的目的，引出相关的背景知识，为下一步的内容理解奠定基础，减轻听力的负担。因此，必须把重点放在激活学生的听力图式上。学生若在该阶段能激活较多的图式，理解起来更容易也会更主动。教师可以从听力材料中选择一些词提供给学生，不一定是生词，而是和文章紧密相连的关键词。学生若能把握好这些关键词便能够有效地激活图式，并且对听力内容进行预测。教师不仅要解释词语的意思，还应该联系相关的文化和内涵，向同学们介绍词语的相关文化背景知识，学生在听力理解之前充分发挥想象，关注要听的内容，即使听到不连贯的关键词，也能正确理解听力材料的内容。

2. 小组讨论"补充"图式

教师可以就听力材料中可能出现的主题展开小组讨论，激发学生的学习兴趣，这也是有效地激活学生图式的手段。小组内相互交换意见并开展讨论，通过讨论激活已有的图式，并且还能相互补充缺少的图式。对于学生不了解的新主题，教师可以直接介绍背景知识，帮助学生建立新的图式，以便学生能够更好地理解听力材料，提高学生的听力学习兴趣。

（三）听力内容合理预测

1. 激活图式，合理预测

英语听力理解是一种复杂的认知活动，学生在听的过程中需要时时刻刻就听到的内容进行"推理"和"预测"。预测就是根据上下文，根据听力内容对提前了解背景，分辨英语听力中讲话人的语气，根据上半句对下半句进行预测。因此，教师要对学生进行引导，让学生根据已有的内容激活大脑的相关图式，进而正确推测听力内容。

2. 预测在听力中的重要性

图式作为有关某一事物具体构成的心理框架，为人们理解不熟悉的内容创造了一种正向的状态。在听力活动中，预测起到了关键的作用，通过预测，能够有效地激活脑中已存在的图式内容，也就是将图式经验和该听力主题相关的知识相结合，在脑中调集起来。科学实验显示，人在听的过程中，并非只是单纯地接收信息，而是在接收信息的同时，能够一边接收，一边对听到的内容进行预测，并及时修正自己的预测。

（四）听力巩固新建图式

1. 情景再现法

在英语听力训练中，教师让学生在听完材料之后，针对有明显故事情节的听力材料，要让学生以讲故事的方式将英语材料内容复述出来。关于新闻事件的听力材料，教师可以让学生对听力材料中的观点进行简单概括，并且提出对事件的看法。关于日常对话性的听力材料，教师可以让学生扮演对话中的人物，以情景再现的方式，帮助学生深入地理解对话的内容，提高学生的学习兴趣。

2. 口语锻炼法

情景再现法不仅加深了学生对英语听力材料的理解，还锻炼了学生的口语表达能力。口语和听力是相辅相成的，口语能力的提高，也会促进听力技能的提高。为了鼓励学生锻炼口语，教师可以鼓励学生在课堂之外，多听、多读有关英语国家的文化背景、历史文章，积累广泛的英语知识，还可以通过看美剧、英剧的方式学习剧中人物的英语语调和日常对话，提高自己的口语水平，构建完整的图式。

在高职院校中，受教学质量、生源质量等因素的影响，英语听力教学质量不容乐观，但是英语听力往往在英语能力测试和生活应用中占据十分重要的地位。在英语听力的教学过程中，应该将学生看作是具有主动性的学习主体。图式的定义为人们头脑中已经获得的背景知识，通过多元化途径和形式激发学生原有的图式，为听力理解打好基础，提高学生的听力能力，缓解学生的听力焦虑。图式激活理论对于缓解学生的听力焦虑有着显著作用，值得深入探讨和应用。

第四节 "双创"高职商务英语产学合作协同育人

我国的外贸行业一直处在飞速发展的状态，在这种状态下我国对于商务英语人才的需求也在不断地扩大。我国每年都会有大批商务英语专业的毕业生走进社会，但是这并不代表每一个走入社会的毕业生都能胜任外贸工作，人才的培养应当重质而非量。因此，我们应当积极探究"双创"时代高职商务英语产学合作协同育人的教学机制，提高商务英语教学水平，培养高素质的商务英语人才，更好地服务于我国飞速发展的对外贸易经济。

一、"双创"时代高职商务英语产学合作协同育人现状

商务英语作为一门复合型学科，其教学课程大体可以分为两类：一类是商务课程；另一类是英语课程。商务为主、英语为辅，两相结合构成商务英语专业的全部内容。我国现阶段一些高职商务英语专业课程设置与社会发展对接不紧密，英语语言知识和商务知识的衔接不够充分，两大类课程的知识难以融合，商务英语的专业性不够凸显，许多学生同时学习英语和经济两门独立学科。学校教学更偏重理论，与外贸企业的实际工作情况对接不够，学生往往很难将所学课程运用于实际的外贸业务和工作中。在我国外贸行业飞速发展的新时代背景下，商务英语作为一门新兴的学科，在高职院校中的教学情况和已取得的教学成果与我国现阶段对商务英语专业人才的高要求并不十分适应。

二、运用产学合作协同育人教学机制的必要性

（一）深化商务英语专业知识实践认识的需要

现阶段高职商务英语专业的教学还存在与实际外贸业务断层的局面，许多学生对商务英语的理论知识烂熟于胸，却不知如何将其运用于实际的外贸工作中，商务英语专业的学生将理论转化为实践的能力不足，导致他们在外贸工作中往往空有满腹知识却有心

无力,这与其在校期间实践不足、缺少与外企的实际接触有关。因此,只有积极地运用产学合作协同育人的机制,有效地加强学校和企业的联系,不断增加学生的实践经验,才能改变这样的局面,提高学生将理论运用到实际工作中的能力,让学生走出校园,适应外贸工作。

(二)改变高职商务英语专业知识难以融合的问题

现阶段,我国高职商务英语专业教学还存在课程设置不科学、知识融合不充分的问题,英语作为该专业学生未来工作最重要的工具,在高职商务英语专业教学的课程中占比较大。但从科学的角度来说,商务英语专业应以商务课程为主、英语课程为辅。课程设置使学生在校所学知识并不能应对在对外贸易中出现的难题,再加上学生不能结合运用两大类课程,因此,商务英语专业毕业生无法应对实际困难的窘境越发明显。如果能够在高职商务英语专业教学中运用产学合作协同育人的机制,学生就能在外企中通过直面外贸工作、在外贸岗位第一线实践的方式,积累解决问题的实际经验。届时,学生就可以借助丰富的实际经验对商务英语专业的两大类课程知识进行深度融合并合理运用,解决在校学习所得与实际情况不对口的问题,提高应对实际难题的能力。

(三)专业和对口工作的实际需求

对外贸易行业工作要求的不仅是对英语和商务知识的掌握,还要求学生具备一定的实际工作经验。运用产学合作协同育人机制可以加强学校与外贸企业之间的联系,增加在校学生直面外贸工作实际情况的机会,学生不仅能学到相关知识,而且能够积累相关的实际工作经验,提高实际的工作能力,满足专业的要求,更好地解决走出"象牙塔"后遇到的难题,最大限度地消除理论和现实之间的障碍,尽快适应实际的外贸工作。

(四)提高高职商务英语专业教学水平的需要

在万众创新的时代大背景下,各行各业都迸发出了巨大的创新力量,外贸行业也不例外。创新意味着改变,在"双创"时代,许多外企、跨国公司在人员结构、业务分配等方面,迎合时代变化做出了一系列的创新和改变。但与之不相称的是高职商务英语专业教学长期不变的教学方式和课程内容,造成了学生在校所学和实际运用之间的断层,增加了学生毕业后任职的难度。要解决这样的困窘,不仅要增加学生的经验积累,而且要将学校和企业连接起来,使校方从最直观的角度看见自己的教学与企业实际业务之间的不同和差距,两相结合,才能不断提高我国高职商务英语专业的教学水平。因此,产学合作协同育人机制的运用势在必行,它能把学校和企业紧密地联系在一起,实现学校教学和时代发展同频共振的目标。

（五）便于企业直接招揽人才

现行的高职商务英语专业的人才招聘流程往往较为烦琐，多道程序消耗了大量的时间、人力、物力和财力，如果能够运用产学合作协同育人机制，在企业和学校之间架起连接的桥梁，不仅能让学生更加熟悉企业和工作业务，而且能让企业更加直观地了解学生的能力。企业在学生实践期间就可以考查学生能力，直接招揽人才，既能减少招聘成本，也能缩短毕业生的待业时间，开启一条招聘和就业的绿色通道，让更多的商务英语专业的优秀人才早日走上岗位。

三、运用产学合作协同育人教学机制存在的困难

（一）经费不足

许多高职院校每年能够得到的资金扶持是较少的，学校往往更愿意将这笔钱用在重点学科和学校硬件设施建设上，因而商务英语专业想要运行产学合作协同育人的机制，可能会存在经费得不到支持的问题。运行该机制需要企业和学校之间相互配合、建立沟通渠道、核对参与机制的学生名单等大量事项的确定，如果在这个过程中耗费的资源缺少支持，易导致大范围推行该机制过程的停滞。

（二）难以达到运行标准

教育部对该机制有着极高的管理标准，一个项目从成功立项到最终验收有着严格的审核标准，高职院校的商务英语专业虽然属于新文科类专业，符合报批标准的种类限制，却在教学和后期的实践规划上存在短板，导致许多学校即使成功立项也难以为继。

（三）最终成绩的各项占比分配不够合理

运行产学合作协同育人机制后，学生必定要花费一定的时间在合作企业内进行工作，许多学校都忽略了这一点，仍然简单粗暴地将考试成绩作为学生的最终成绩，既浪费了学生在一线工作岗位积累的经验资源，在成绩计算时没有获得相应的回报，也降低了学生参加实践的积极性，还增加了该机制运行的难度。

四、运用产学合作协同育人教学机制的具体措施

（一）合理使用学校经费

经费是运行产学合作协同育人机制的重点，许多学校因为经费不足对该机制只能望而却步。事实上，学校每年能够筹集到的经费如果能够合理安排，想要在高职商务英语教学之中运行产学合作协同育人机制也不是不可能的。想要运行该机制，学校必定要有

所侧重,将经费用在"刀刃"上,让产学合作协同育人机制在学校真正落地生根。

(二)提高学校的自身水平

教育部对于运行产学合作协同育人机制的学校的综合水平的要求颇高,整个运行的过程,从立项到最终审查,都必须符合教育部发布的运行标准。如果学校自身综合水平不高,就难以成功立项,遑论后续对运行该机制收效的评估。因此,学校需要积极提升自身的综合实力,以让产学合作协同育人机制发挥出应有的作用,取得令人满意的成果。

(三)合理分配成绩的各项占比

在高职商务英语专业运行产学合作协同育人机有利于给学生实践经验的积累,但也会占用学生的学习时间。假如学校对成绩的占比配置仍然墨守成规,单一地以考试成绩论英雄,难免会降低学生参加实践工作的积极性,不利于产学合作协同育人机制的长期运行和发展。因此,学校应当重视这个问题,更科学地分配学生最终成绩的各项占比,让学生的付出得到应有的回报,让更多的学生以更加积极的心态参与,保证该机制获得良好的运行前景。

产学合作协同育人机制在高职商务英语专业中的运用有着诸多益处,虽然该机制运行时间较短,在运行过程中难免出现各种困难,但只要积极探索合理、科学地运行,不断迎难而上,以前文所提到的三种措施为抓手,为该机制的运行创造良好的环境,就一定能够通过运行该机制为高职商务英语专业带来良好的教学效果,为社会输送更多商务英语专业人才,助力我国外贸行业发展。

第七章 高职英语教师发展与团队建设

随着经济全球化、教育国际化、人才市场化的不断推进，加之"生源危机"的冲击，我国高等职业教育正处于前所未有的新发展时期。各个院校之间综合实力的竞争日趋激烈，要在竞争中站稳脚跟，求得生存和发展空间，就必须坚持以科学发展观为指导，制定符合本校实际的人才强校战略，打造一支数量充足、结构合理、素质精良、富有创新精神和实践能力的师资队伍。师资队伍是高职院校发展的核心，是学校办出特色与水平的关键。高职院校师资队伍建设要立足高等职业教育自身的特点——突出职教性，彰显高教性，强调行业性。

第一节 教师专业发展概述

一、教师专业发展的概念

对教师专业发展的内涵界定，国外专家学者有不同的论述，主要的代表性观点有以下几种：

教师专业发展意味着教师个人在专业生活中的成长，包括信心的增强，技能的提高，对所教学科知识的不断更新、拓宽和深化，以及对自己在课堂上为什么这样做意识的强化。

教师专业发展是指通过在职教师教育或教师培训而获得的特定方面的发展，也包括教师在目标意识、教学技能和与同事合作能力等方面的进步。埃文斯（Evans）提出，教师发展最基本的是态度上和功能上的发展，前者是教师在态度上的改善过程，后者是专业表现改善的过程。

哈格里夫斯（Hargreaves）认为，教师专业发展不仅应包括知识、技能等技术性维度，还应该广泛考虑道德、政治和情感的维度。

戴（Day）综合众多学者的观点，提出了一个颇具包容性的界定：教师专业发展包含所有自然的学习经验和有意识组织的各种活动，这些经验和活动直接或者间接地让个体、团体或学校得益，进而提高课堂的教学质量。教师专业发展是一个过程。在这个过程中，具有变革力量的教师独自或与他人一起检视、更新和拓展教学的道德目的；在与学生和同事共同度过的教学生活的每一阶段中，教师不断学习和发展优质的专业思想、知识、技能和情感智能。

  国内专家学者对此有不同的理解，代表性的观点认为：教师作为教育教学专业人员，要经历一个由不成熟到相对成熟的发展历程。教师专业发展的空间是无限的，发展的内涵是多层面、多领域的，既包括知识的积累、技能的娴熟、能力的提高，也涵盖态度的转变、情意的升华。教师专业发展是指教师由非专业人员成为专业人员的过程，可以理解为教师的专业成长或教师内在专业结构不断更新、演进和丰富的过程。教师专业发展是教师以包括知识、技能和情意等专业素质的提高与完善为基础的专业成长与成熟的过程。

  教师专业发展是指教师在其专业素质方面不断成长并追求成熟的过程，是教师专业信念、专业知识、专业能力、专业情意等方面不断更新、演进和完善的过程。教师专业发展是一个连续不断的过程，其本质特征是教师的专业自主发展。

  从以上不同表述的比较中，可以看出关于教师专业发展内涵界定的一些共性：第一，教师个体的主动性；第二，发展过程的动态性；第三，发展状态的延续性；第四，发展内涵的多面性。近年来，我国关于外语教师专业发展的研究迅速升温，各种类别的教师发展研讨会定期召开，以北京外国语大学以"中国外语教育研究中心"为龙头的外语教育研究机构起到了关键作用，产出了一批具有较高学术价值的学术专著和论文，对提升我国外语教育教学质量发挥了积极的作用。然而，高职外语教师的相关联研究还处于起步阶段，相关文献很少，还没有形成明确的研究方向，还缺少有价值的研究成果。

二、关于外语教师专业发展的研究

  国外（主要是美英）学者从20世纪80年代后期，开始关注外语或第二外语（以下统称外语）教师的教育和发展，认识到外语教学是一个高度复杂的过程，包括教师对课堂实践的不断理解以形成自己的课堂教学决策，教师根据自己先前的知识和对学习与教学的信念来建构自己的教学理论。20世纪90年代以来，相关研究明显增多。与国外学者相比，我国学者对外语教师专业发展的研究起步较晚，成果有限。国内外关于外语教师专业发展的研究主要涉及以下几个方面：

（一）关于外语教师的专业素质

  弗里曼认为，语言教师的素质包括知识、技能、态度和感知，并区分"知识"和"技能"两个概念。知识包括教师的专业知识和所教学生的学习背景、学习方式、语言水平及教学所处的社会文化背景知识。技能主要指教师的教学方法、具体授课行为、课堂管理和教材处理能力。二者构成教学的知识基础并随着教师自身的发展变化而不断完善。

努南（Nunan）从行动研究角度阐释了教师素质的内涵：专门的学科知识；课堂观察和研究技能；研究和开发课程的技能；分析、判断、管理和评估、获取信息的能力；控制、描述自身行为和学生活动的能力；个人教学信念；自我反思能力；教学方法、教材及其运用；认识课堂行为和学生进步之间的关系；基于课堂教学情景修正和改变行为的能力；等等。

理查兹（Richards）认为，外语教师素质包含语言知识、语言学习和习得理论、语言教学法、学科知识、教学实践、宽广的知识面，而创造力、判断力、决策和推理能力、适应能力、兴趣、态度、自控力、热情、课堂教学管理技能以及了解环境的能力等。

钱冠连指出，外语教师的成就其实就是"1 + X"。1指外语好，包括心理学、教学法、教育观念、语言理论、汉语、思想方法与其他知识，以及敬业精神。

贾冠杰把英语教师的素质概括为思想道德素质、文化素质、能力素质、心理素质和身体素质。其中文化素质包括扎实的专业知识、丰富的相关学科知识，教育学、语言学、哲学、心理学和心理语言学；能力素质包括课堂教学管理能力、语言表达能力和板书能力、科研能力。

吴一安通过问卷调查和访谈，发现优秀外语教师的专业素质框架由以下四个维度构成：外语学科教学能力；外语教师的职业观与职业道德；外语教学观；外语教师的学习与发展观。

上述研究从不同的角度全面地界定了外语教师专业素质结构及其内涵，虽然表述不同，但普遍认同的素质结构至少包括教师知识、教师能力和教师精神三个层面。

（二）关于外语教师的专业发展机制

华莱士（Walace）提出了外语教师反思性实践模式。反思是对需要获得解决的某一问题情境的思考活动方式。舍恩（Schon）正式提出的"反思性教学"（也称"反思性实践"），是指从业者结合亲身经历中的疑惑，通过一系列反思、研究活动寻求解决疑惑的方法。反思性教学可以由教师个人来完成，"教师通过收集课堂数据对其教学行为进行批判性反思，进而审视个人教学态度、信念、假定和教学实践"。

张颖、王蔷的研究表明，国外语言教师的培养模式经历了从"学徒型"到"应用科学型"再到"反思型"的发展过程。"二战"以前，教师培养模式基本上采用"学徒型"，即有经验的教师告诉新手教师应该做什么，怎么演示，然后新手模仿、体会、练习。"应用科学型"指的是自上而下向接受培训的教师传递的整套理论。"反思型"模式认为教师应该具备的知识除了可量化的行为规律外，还应该包括那些更高层次的不可量化的技能和能力，这种高层次的能力不是通过技巧培训获得的，而是长期自觉反思的结果。

从20世纪末开始，反思性教学、行动研究、自主发展等教师发展机制问题成为我国学者的研究热点。中国最早对行动研究做过比较系统论述的是北京师范大学的王蔷，她所编著的《英语教师行动研究》是我国英语教师开展行动研究的理论开篇之作；吴宗杰批判性地解读了教师发展的话语权问题，揭示了抑制自主发展的形式——课堂和学校的交往方式；辛枝、吴凝主张赋予教师更多权利，以促进英语教师发展。

（三）关于外语教师专业发展的过程、途径和影响因素

近年来，英美等发达国家对外语教师专业发展的研究有了长足发展外，基于新概念的以教师为中心的教师专业发展方案正在形成，新的教师发展策略层出不穷，如反思性教学、合作行动研究、探究性实践、例案教学等，此类研究在我国还刚刚起步。

李晓博运用文化人类学调查方法和叙事方法对一名日语教师的课堂进行了为期一年的深入研究。研究表明，外语教师学习和成长的过程是教师在教学实践中产生困惑、进行思考、学习、发生变化、得到发展的进行性循环往复的过程。

周燕探讨了一组教师在一项长达一学年的大学英语改革实验中的成长历程，提出创建以教学科研项目为基础、由不同经历的教师构成的教师实践集体，是促使教师在实践中实现专业发展的一条重要途径。

刘学惠通过建立一个英语教师课堂研究小组，探究了教师建构性学习对教师专业发展的促进作用。

吴一安在一项规模型实证研究的基础上，探究了我国高校优秀外语教师专业发展的规律性特点、阶段性特征和优秀教师专业发展的成因。她的研究表明，外语教师的专业发展是个长期逐渐进步的过程，主要是在教学实践中成就的；优秀教师专业发展的成因包括内因和外因两个方面，内因包括热爱外语教师职业，自我专业发展意识，教师自身因素；外因可以归纳为宽松、积极向上、良性互动的教学环境，专家教师的典范或家庭影响，进修和学术研讨，国家整体大环境。

李晓博等人研究的共同特点是在研究目的上寻求对所研究对象的深度解读、深刻理解和深入思考；在研究方法上多采用质性研究方法和历时个案研究，力图深刻揭示所研究现象的本质特征。

三、高职外语教师的专业发展

近年来，随着我国高等教育大众化进程的加快；高等职业教育得到了长足发展。高职教育的招生院校数和在校生人数都已经占据了我国高等教育的"半壁江山"，高职教

育质量问题日渐成为社会关注的焦点。高职教育质量在很大程度上取决于教师队伍的整体素质，因而，建立一支高素质的教师队伍无疑是提高我国高职教育质量的首要问题。

高职教育的目标是为生产、建设、管理、服务第一线培养实用的高等技术应用型人才，这就决定了从事高职教育的专业课教师不仅需要具有扎实的专业理论知识和丰富的教学经验（教师素质），而且需要具有一定的从事与学生未来就业岗位相关的实际工作的知识和能力（技师素质），即具备"双师"素质，成为"双师型"教师。教育部《关于加强高职高专教育人才培养工作的意见》中强调指出，"双师型"师资队伍建设是提高高职高专教育教学质量的关键。

"双师"素质是高职教育对教师专业发展的一种特殊要求，是实现以就业为导向的职业教育培养目标、提高职业教育办学水平的需要，是推进职业院校教学改革、强化实践教学的需要。

作为高职教育的重要组成部分，高职外语教育也应该树立职业目标，突出与行业相关的语言技能的培养，强调语言的应用性。基于高职外语教育的职业性和实用性导向，高职外语专业培养的应该是既具有良好的外语应用能力和涉外文化知识，又具有一定行业知识（商务、旅游、外贸、文秘等）的复合技能型人才。为满足实现高职外语教育人才培养目标的需求，高职外语专业教师应该具有扎实的外语语言功底、娴熟的教学技能和一定的行业知识（商务、旅游、外贸、文秘等），并且熟悉相关工作岗位的操作流程。理想的高职外语教师应该是"学"高"艺"深的"双师型"人才。

目前，高职外语教师的专业发展现状令人担忧——普遍缺乏以就业为导向的行业知识和实践技能。胡丽君的调查表明，高职院校外语教师大都是在学科性人才培养模式下造就出来的，大学毕业后从普通高校直接进入高职院校从事教学工作，实践与动手能力、现场教学与实训指导能力、分析与解决实际问题的能力都远远不够。教师缺少企业工作经验，势必会影响对学生职业能力的培养，导致学生得分实践技能不强，这显然和高职的教育目标相悖。此外，他们所学专业多为语言文学或语言教育，知识结构比较单一。因而在讲授行业外语（如商务英语、旅游英语等）时，由于背景知识的缺乏，往往只能照本宣科地解释字面意思，这显然不利于高职外语教学质量的提高。"双师型"教师匮乏是目前高职外语教育存在的一个亟待解决的突出问题，"双师素质"外语师资的培养势在必行。

当前，高职院校发展进入一个新的时期，正面临从扩大办学规模向提高办学质量、加强内涵建设转变。内涵建设的重点是"软件"建设，包括办学思路与定位、专业设置与人才培养方案、师资队伍、课程体系及教学资源、校内外实训实习体系、质量标准与监控体系、产学结合与产学研合作办学机制等。高职院校要树立科学的教育发展观，走内涵式发展道路，首要任务就是加强师资队伍建设。人才培养模式、课程建设、实践教学条件等专业建设层面都要以教师为主体。能否提高师资队伍素质，调动和充分发挥教师的积极主动性，是搞好内涵建设的关键。

四、高职教学团队建设

教学团队是指以提高教学质量、改善教学效果、推进教学改革为主要任务，由为共同的教学改革目标而相互承担责任的教师所组成的群体。高职院校的教学团队不仅是由专业带头人、骨干教师等一批专业素质高、实践能力强，为实现共同的目标，彼此分工协作、相互依存的教师组成的群体，还是一个组织实施先进教学策略、研究和实践先进教育教学思想、具有较强教研科研能力的教师群体。它像具有生命力的有机体一样，能发挥每一部分的积极性和作用，促进教师个人、团队和整个学校共同发展。教学团队建设是指以专业、课程为基础将教学队伍划分为不同的群体，并将该群体作为一个相对独立的团队进行建设，建立教学团队是提高教育教学质量的一项重要举措。

教育部《关于组织2007年国家级教学团队评审工作的通知》中指出："本项目的实施，旨在通过建立团队合作的机制，改革教学内容和方法，开发教学资源，促进教学研讨和教学经验交流，推进教学工作的传帮带和老中青相结合，提高教师的教学水平。"既指出了教学团队建设的目的和宗旨，也说明了教学团队建设的重要性和必要性。

第二节 高职教师专业发展的途径

一、高职教师的职业特殊性

我国高等职业教育是起步于20世纪80年代，蓬勃发展于90年代后期的高等教育类型，兼具高等教育与职业教育的双重属性，旨在培养既有一定的理论知识，又熟练掌握某一领域技术技能的高技能型人才为己任，承担了为地方经济建设发展培养并输送生产、建设、管理、服务第一线所需要的高素质、高技能人才的重任。随着改革开放和现代化建设的发展，社会对生产、服务第一线从业人员的技术水平、能力结构提出了更高的要求，高职教育也面临诸多机遇与挑战。

高职教育介于高等教育与中等职业教育之间，具有一定的特殊性。由于发展历程短、缺乏成熟的经验和可借鉴的模式，我国高职教育曾经一度搬用、压缩本科教学模式，课程体系呈现出类似于传统本科教学的学科化特征，结果导致理论知识与技能要求无法顺畅对接。经过一段时间的理论与实践探索，我国高职教育的发展思路逐渐清晰——既不是中等职业教育简单的"升级"，因为它接续的是普通高中教育，学生需要具备一定的理论基础，属于高等教育序列；也不是普通本科教育的"简化"，而是具有自身的鲜明特征，"工学结合""课证融合""就业导向"等办学理念决定了高职教育更注重实用性技能的训练，以达到突出实践能力培养的目标。因此，高职教育对教师的素质要求也就和普通高校具有较大的差异性。要胜任本职工作，高职教师必须具备一定的"特质"：其一，与中职教师相比，高职教师应具有更加宽广的知识底蕴、精深的专业功底和必备的科研能力；其二，与普通高校的教师相比，高职教师应有全面的专业知识、过硬的实践能力和一定的职场经验，熟悉高等职业教育教学的基本特点与规律；其三，与行业、企业的管理、技术人员相比，高职教师应具有熟练的教学能力、高超的育人技巧。

高素质的师资队伍是提高办学水平、提升竞争力的核心资源。优秀的高职教师应该是有志于从事高等职业教育，具备"学深""德厚""技高"等特点的专业人才。高职教育的培养目标与人才培养模式的基本特征，决定了从事高职教育的英语教师必须具备全新的以"就业为导向"的教育观念。他们不但要有扎实的英语与教育教学方面的专业知识，还应熟悉相关职业和岗位的基本知识技能，并具备把专业知识及实践技能融入英语教学过程的能力，还要设法了解社会、用人部门对不同专业人才英语水平的要求，以切实增强课堂教学的针对性。

二、高职教师的角色转变

高职教师的发展目标不仅在于做一名合格的施教者，而且应该顺应高等职业教育需求，成为教育教学活动的实践者和研究者，实现教师专业角色的全方位转变。

第一，成为学生发展的促进者。高职学生生源相对复杂，文化课基础薄弱，很多学生在学习上自信心不足、缺乏兴趣，但同时他们又有较强的自我意识，难免会对未来的就业产生焦虑情绪。这就需要教师主动地了解自己的学生，挖掘每一位学生的闪光点，走进学生的生活和心里，成为学生学习活动的参与者、组织者和指导者；在学习上给予他们及时的指导和帮助，让学生真切地体会到老师对他们的理解和关爱，激发他们的学习动机，帮助他们明确目标，全面发展。

第二，成为教学实践的研究者。目前，高职教师对教学理论的掌握和对科研的认识和态度尚须进一步提高和改善。高职教师的总体科研水平不高，尤其是青年教师。有些教师对科研还有理解上的误区，搞不清科研与教学的关系，因此，教学也只能停留在经验积累的层次上。在开展科研活动的同时，必须学习掌握科学的研究方法，本着"以研促教"的宗旨，实现教育研究与教学实践的统一。

第三，成为教学改革的推动者。教师是教学改革的执行者和主体。高职教师要在充分理解职业教育办学目标的基础上，牢记服务于学生就业竞争力提升为中心的理念，加强实践教学，对自己教授的课程进行积极的思考和研究，根据时代的要求及时发现教学中存在的问题并提出改进措施，创新教学方式，做改革的推动者。

第四，成为终身学习的反思者。现代社会，终身学习的理念已深入人心，教师学习必将贯穿教师整个的职业生涯。社会进步和教育发展要求高职教师及时更新自己的知识和技能，调整自己的教学行为，以适应变化的环境和成长的学生。反思有助于教师形成"实践性知识"，即将专家的理论与自身的知识经验相结合，内化为自己知识体系的一部分，同时运用所掌握的理论去发现、研究和解决实践中的各种问题。

三、高职教师的专业发展途径

（一）挂职锻炼——提高实践能力

教育主管部门、高职院校应积极制定政策鼓励专业教师到行业企业进行"挂职锻炼"，丰富实践经验，了解熟悉相关行业的经营、管理和运作模式，获得实践技能，提高实践教学能力，从而在授课过程中有的放矢，践行"工学结合"，突出对学生的职业技能培养，促进学生的专业技能不断发展；加大校企合作力度，聘请具有丰富行业企业经验的人士经常性地为师生开办讲座，指导学生实习等，这也是一种提高教师的实践教学能力和学生对知识技能的实际运用能力的有效方法。

学校应从政策和经费上支持教师利用工作之余和寒暑假参与企业实践活动，培养具有理论基础和实践技能的"双师型"教师。在职称评定方面对既有专业理论知识又有实践指导能力的"双师型"教师给予一定程度的倾斜，以鼓励高职教师转变观念，努力提高自己的实践技能。

（二）项目参与——培养研究意识

社会对教师的要求不是"教书匠"而是"研究者""学者"和"专家"。教、学、研相长是高职教师成长的一条重要经验。开展教科研项目研究，"以研促教"是教师发展的一条必由之路。

首先，高职院校要努力搭建产、学、研合作的平台，广泛地开展政府、学校、企业三方合作的科研合作，从政策和经费上为教师创造条件。与此同时，建立健全考评制度，客观、公正地评价教师的科研能力，并将考评结果与职称评审、个人收入等挂钩，营造教师积极参与科研的氛围。其次，通过学术交流，提高教师的科研能力。

在学术交流中，教师可以了解专业的最新发展动态，学习他人的教学、科研方法，并通过撰写论文、编写教材等方式推广科研成果。另外，要建设专业教师梯队，发挥传帮带作用。围绕教科研课题、特色专业、精品课程等项目建立合作团队，是保证教师整体学术水平和教学能力不断提高的有效途径。

（三）专家引领——拓宽发展思路

教师需要在一个良好的组织中成长，学校应该成为学习型组织，建设学习文化，形成浓厚的学习氛围。教师的发展需要专家的引领，为了提高教师队伍建设，提高教师的整体水平，各高职院校要有计划地加大专业带头人的培养力度。合格的专业带头人应当治学严谨、学术造诣深厚、思想活跃，取得过突出的教学、科研成果。他们可以发挥在专业团队中对青年教师的榜样和传帮带作用，引领青年教师的专业发展，有利于教学团队整体教学、科研能力的不断提高。

"他山之石，可以攻玉"，各高职院校可以结合工作实际，有计划地邀请校外专家来校组织专题性理论辅导、学术研讨、观摩示范课程、典型案例分析等活动，增加教师交流和探讨的机会，拓宽思路，使之获得真知，有所创新。

（四）自我反思——提升发展层次

美国教育家李·S.舒尔曼在《理论、实践与教育的专业化》一书中曾说过："对于专业人员来说，教学最难的问题不是应用新的理论知识，而是从经验中学习。学术知识对于专业工作是必需的，但又是远远不够的。因此，高职教师必须培养从经验中学习和对自己的实践加以再思考的能力。""从经验中学习""对自己的实践加以再思考"的实质就是反思自己的工作，并从中提炼有价值的经验。自我反思方法多样，如教学后记、反思日记、案例分析等。反思是一种研究，也是一种学习，更是一种提升、一种发展。在反思的时候必然要对问题的表象、本质、特点等进行分析比较，发现问题，寻找解决问题的最佳办法。这对高职教师的专业发展无疑是大有裨益的。

（五）终身学习——保证发展时效

高职教师是知识的输出者，教师传授知识的过程是综合运用自身知识和能力的过程；高职教师还是实践活动的示范者，教师指导学生职场实践的过程是建立在对具体岗位工作流程了如指掌的基础之上的。教师只有掌握系统的专业知识，才能有效地将自己的知识传授给学生；教师只有熟练地掌握岗位技能，才能够指导学生的具体操作。

在信息爆炸的现代社会，"一朝学成而受用终身"的观念已经过时。高职教师如果仅仅固守原有的知识与能力，不吸取新知识，不提高综合能力，专业能力就得不到很好的发展。教育是一个可持续发展的事业，高职教师要成为具有持续发展能力的学习者，就必须树立终身学习、全面学习的观念，在"做中学""学中做"，培养和锻炼自己的才干，不断增强自身获取知识和信息的能力，丰富和更新自己的知识结构。

（六）合作交流——丰富发展内容

高职院校和政府机构之间、各高职院校之间、高职院校和科研院所之间、高职院校和企业之间、以及高职院校内部各部门之间要不断加强交流与合作，资源共享，共同提高；还可以根据教育国际化的趋势，同国外教育机构开展信息交流和科研教学合作。通过交流和合作，获得先进经验并找出自身的差距，借鉴先进的教学理念和资源，激活教师个体乃至整个专业队伍的教学和科研热情，提升教育教学水平，把学校变成所有教师专业发展的乐土。

合作交流是培养教师成长提高的有效途径。学校应该从教师自身的发展出发，立足本校、立足岗位，重点针对青年教师群体，大力开展旨在提高教师专业素养，满足教师发展需要和内在需求的各种合作交流活动，为教师的成长发展奠定坚实的基础。

第三节 高职"双师结构"教学团队的内涵与建设要素

高职教育的目标是为生产、建设、管理、服务第一线培养实用的高素质技能型人才，这就决定了从事高职教育的教师不仅需要具有扎实的理论知识和丰富的教学经验，而且必须具有较强的从事相关行业实际工作的能力，即具备"双师"素质，成为"双师型"教师。在我国高职教育20多年的发展历程中，曾先后提出了"双师型""双师素质""双师结构"等具有重要意义的概念。虽然内涵各有侧重，但理想的高职教师应兼具理论素养与实践能力已经成为社会各界的共识。对高职师资队伍建设的探索和认识经历了循序渐进、不断深入的过程，概念的演进反映了思路在逐步厘清。我国高职教育正处在由规模发展向内涵建设转型的关键时期，建立一支数量充足、质量合格的"双师结构"教学团队是现阶段高职院校师资队伍建设的重、难点，它对教育教学质量的提高和教师自身的专业发展起着重要作用。

"双师结构"教学团队建设是高职院校提高教师的教学水平、促进教师专业发展的重要举措，其根本目的还是为提高人才培养质量，向社会输送合格的高技能型人才提供有力保障。当前，各高职院校正在创造条件、紧锣密鼓地开展"双师结构"教学团队建设，主要集中在校企合作机制探索、共同愿景构建、成员角色分工、创新服务能力培养等方面。这些工作的推进都必须建立在对"双师结构"教学团队的内涵和建设要素有清晰的认识和准确把握的基础上。

一、相关概念的内涵解读

（一）"双师型"教师

"双师型"教师是我国高职教育对教师素质的特殊要求，是实现以就业为导向的职业教育培养目标、提高职业教育办学水平的需要，是推进高职院校教学改革、强化实践教学的需要。对"双师型"教师概念的界定，研究者的看法和表述不一，其中具有代表性的有以下几种："双职称"论，即教师职称加上行业职称；"双素质"论，即理论教学素质加上实践教学素质；"双证书"论，即持有行业职业资格证书，并取得教师资格证；"双能力"论，既能胜任理论教学，又能指导学生实践；"融合"论，既强调教师持有"双证"，又强调教师具有"双能力"。

只有站在师资队伍建设的宏观高度，才能准确地把握"双师型"教师的意蕴和内涵。作为一个综合性的概念，"双师型"教师具有下面两重含义：其一，对教师个体而言，"双师型"教师是指教师和技师（或其他行业企业职称）双重知识与能力结构兼而有之的专业课教师，其实质在于对职业院校教师的双重要求——既要成为"行业专家"，又要成为"教学专家"；其二，对于教师群体来说，"双师型"教师是指教师队伍整体上具备"双师素质"，专业教师队伍中既有"理论型"，又有"实践型"，还有"双素质"，而且保持合理的比例。"双师型"教师是职业院校教学团队的整体特征，但并不意味着每一个专业课教师都有必要成为"双师型"教师。

（二）"双师素质"教师

近年来，教育部提出了"双师素质"教师的概念，要求专业课教师既要全面扎实地掌握专业理论知识，又要具备解决具体工作中遇到的实际问题的能力。"双师素质"的提出经历了一个过程，它是由"双师型"衍生而来的。"双师素质"的提法更具有包容性，不仅丰富了"双师型"的内涵，更重要的是突出了高职师资的典型特征，也扩大了高职教师的发展空间，有利于教师明确专业发展方向，促进教师素质的全面提升，能更好的彰显高职教育特色。"双师素质"的提法侧重于教师个体，上述对"双师型"教师的解读，其实都涵盖了"双师素质"的内容。

双师素质教师是指具有教师资格，又具备下列条件之一的校内专任教师和校内兼课人员：

（1）具有本专业中级（或以上）技术职称及职业资格（含持有行业特许的资格证书及具有专业资格或专业技能考评员资格者），并在近五年主持（或主要参与）过校内实践教学设施建设或提升技术水平的设计安装工作，使用效果好，在省内同类院校中居先进水平。

（2）近五年中有两年以上（可累计计算）在企业第一线本专业实际工作经历，能全面指导学生得分专业实践实训活动。

（3）近五年主持（或主要参与）过应用技术研究，成果已被企业使用，效益良好。"这是目前职教界普遍认可的"双师素质"教师的基本内涵和评价标准。

（三）团队与教学团队

"团队"的概念源自企业，学者不同的理解和表述，代表性的观点主要有以下几种：团队是一些才能互补、负有共同责任并为统一目标做出奉献的少数人员的集合；团队就由少数技能互补，愿意为了共同的目标承担责任、分工协作的个体组成的群体；团队是一些小的工作组，它们在一定的职责和权限范围内发挥日常工作职能，团队成员之间协同工作，围绕既定的目标，分担具体任务并参加全面培训。

兴起于美国的"小组协同教学制"开了教师合作教学的先河——由若干教师共同组成教学团队，以合作的方式，打破学科的限制，帮助学生掌握有效的学习方法。后来，西方学者又提出了"同伴互助"的概念，大力倡导教师在共同的工作中形成伙伴关系，通过合作研究、示范教学以及系统训练，互相取长补短，学习和改进教学策略，逐步提升教育教学质量。

借鉴国外的研究成果，我国学者刘宝存对教学团队做了如下界定：以教书育人为共同的愿景，为完成某个特定的教学目标而分工协作、相互担责的少数知识和技能互补的个体所组成的团队。孙丽娜、贺立军则认为，教学团队是由某一专业或课程的教师组成、以提高教学质量为目标的相互协同工作、共同承担责任的教师群体。

二、"双师结构"与"双师结构"教学团队内涵分析

"双师结构"不是针对教师个体，而是针对教学团队而言的。它不强调团队中的每个成员都具备"双师"素质，而是强调团队整体上要配备能力素质各有所长的成员。理想的高职教学团队应该既包含"理论型"教师，又包含"实践型"教师。一个人的能力和精力是有限的，让所有的专业课教师同时成为理论教学的"行家"和实训指导的"里手"几乎是不可能的。在高职院校，要完成专业与实践教学计划，既要有擅长理论教学的，也要有擅长实践教学的，还要有理论与实践都擅长的——教师之间的能力、特长互

补，并保持恰当的比例。

因此，"双师结构"教学团队也包含两方面的含义：（1）从整体上来说，高职师资队伍应该专兼结合，表现为教师来源的二元结构。其中一元是指专职教师，他们具备深厚的专业知识，懂得教育教学规律，但是实践能力相对较弱；另一元是指从企业聘请具有丰富的实际岗位工作经验的兼职教师；（2）从个体方面来说，每一个专业课教师应该具备"双师"素质，这只是一个理想化的目标，囿于个人能力、精力和外在环境的限制，实际上很难做到。

德国的"双元制"、澳大利亚的TAFE学院和美国的社区学院等世界先进职业教育模式的成功经验告诉我们，无论高职院校教师的兼容能力有多强，都很难满足不断变化的社会需求对师资队伍的知识和技能的要求。建立由企业一线人员组成的兼职教师队伍来传授新知识、新技能是高职院校优化师资结构的必由之路。形成一支结构合理的"双师型"专业教师队伍，即"双师结构"教学团队是提高高职教育教学质量的保证，也是彰显高职教育特色的重要举措。其目的和意义在于，避免了从身份上界定"双师型"教师的局限，是解决目前"双师型"教师队伍建设在数量和质量上跟不上高职教育发展需求困境的着力点，体现了国家对职业教育师资队伍的总体要求。

三、"双师结构"教学团队建设的基本要素

（一）目标一致，愿景明确

科学、合理地设定一个共同的奋斗目标，是教学团队建设的基础。只有明确了目标，团队成员才能在实际工作中形成合力，表现出主观意愿与技术能力的聚合作用，促进教学任务的顺利完成。否则，将出现各自为政、一盘散沙的混乱局面。共同的目标是凝聚人心的前提条件，能够促进团队成员为顺利实现目标积极贡献自身的智慧和力量。

麻省理工学院博士、组织发展理论的创始人沃伦·本尼斯认为，愿景是人类组织中最有活力、最具激励性的因素，可以把不同的人牢牢地连接在一起。共同的愿景能为团队成员指引方向、提供动力，使其树立使命感和责任感，进而凝聚力量，实现团队绩效的最大化。

（二）各有所长，才技互补

如前文所述，无论是德鲁克的"才能互补"还是卡曾巴赫和史密斯的"互补技能"都强调指出：组成教学团队的成员必须是具备一定才技的个体，还要优势互补。只有这样，团队的每一位成员才能发挥自身的特长和优势，高效地完成专业（群）教学任务。

教学团队不同于一般的群体，它不仅强调成员的个体表现，而且突出团队的整体业

绩。组建团队的根本目的就是整合和优化人力资源配置，使团队的整体业绩超过个体业绩之和。因此，在组建教学团队的时候，要尽量避免成员之间在知识能力、专业特长等方面的重合，力争选拔一些能够为团队发展带来独特贡献的人。

（三）分工明确，协同合作

分工是指团队成员在共同的愿景目标支配下，根据自己的特长，承担相应的教学、科研或实践指导任务。合作则包括团队在教学和管理过程中所涉及的学校与企业之间、学校的专业、院系之间以及团队成员之间的交流、沟通、分担、共享等多种形式。

高绩效的教学团队能够给每一位成员适当分配不同的角色，使工作任务与每一位成员的知识、技能、经验相匹配。个体必须明确团队的共同目标和教学任务，团队成员之间要营造互相协作的氛围，逐步建立有效的合作机制。协同合作是团队精神的核心，只有团队成员竭诚合作，才能促进彼此的了解、交流和互相帮助，实现团队成员之间资源共享、共同提高，激发团队成员工作的主动性和创造性。

（四）功能突出，结构合理

教学团队是以专业（群）或者课程（群）为单位，并以此为中心为了实现对学生的培养目标而建立的既明确分工又紧密合作的基层教学组织。团队成员在能力、年龄、专业、类别和"双师型"比例等方面，都应该有合理的组合和搭配。

形成合理的结构是教学团队完成教学任务的保障。团队成员在知识能力上应该是各有所长，才技互补；在年龄构成上最好是老、中、青年教师合理搭配，互帮互学；在专业背景上应该尽量避免重合，进行充分有效的分工合作；此外，团队的专、兼职教师和"双师型"教师的数量要保持恰当的比例。

（五）专兼结合，校企合作

高职院校务必想方设法将行业、企业的技术骨干和专家纳入教学团队，组成"专兼结合"的师资队伍，实现校企的深度合作。毫无疑问，这种社会资源的整合有利于改善"双师"结构，推进"双师型"师资队伍建设，保证教学内容具有针对性和实效性，从而全面提升人才培养质量。

引进具有企业经历的专职教师，培养本校已有的专职教师以及从企业一线聘请兼职教师是打造"双师"结构教学团队的基本途径，这三种方式都离不开企业的参与和支持。校企合作是高职院校师资队伍建设的必由之路，建立校企合作机制的具体做法包括成立由学院和行业企业共同参与的专业建设委员会、教材开发团队、精品课程建设团队等，有效地利用行业企业的人力资源和实训条件，使他们全方位地参与高职院校的人才培养过程，充分彰显高职教育的职业性、实践性和开放性。

建立"双师结构"教学团队建设的长效机制是广大高职院校面临的一项长期而又艰巨的任务，校企合作是有效解决这一难题的突破口。高职院校师资队伍建设一方面要适应人才培养模式改革的需要，增加专业教师中具有企业工作经历的教师比例，安排专业教师到企业"挂职"锻炼，积累实际工作经验，以将提高教师的实践教学能力真正落到实处；另一方面，还要从行业、企业大量聘请专业人才和能工巧匠到学校担任兼职教师，逐步形成实践技能课程主要由具有实际操作经验的兼职教师教授的体制，构建专兼结合的"双师结构"教学团队。与此同时，对来自企业一线的兼职教师，还应该关注对其教育教学能力的培养，使其尽快适应高职教学的需求。在兼职教师的选聘以及教学任务安排上应讲究灵活性与多样性、开放性与互动性相结合，不要一味地以高职院校现有的传统和标准作为兼职教师管理参照，必要的时候可以打破常规，按照他们的时间要求来实施教学活动。

校企合作是一项复杂而系统的工程，必须由学校、政府、行业和企业各方联动，形成长效保障机制。政府层面要制定政策、方案和细则，建立企业参与职业教育的法规制度，明确企业在人才培养体系中所应承担的责任和义务，从法律上为校企合作的顺利推进保驾护航。企业要树立正确的合作意识，要从长远的、可持续发展的高度认识校企合作对于提升企业形象和进行人才储备所具有的重要意义，主动选派工程技术人员和能工巧匠到职业院校兼职授课，积极参与高职院校教学改革，为培养"双师型"教师创造条件，为提高学生的实际操作与动手能力提供服务与帮助。学校层面要重视教师实践能力的培养和提高，出台政策鼓励教师主动到企业锻炼，提高实践教学能力；积极聘请行业、企业技术骨干和能工巧匠来校承担教学任务，组建"校企互动、动态组合"的兼职教师队伍。但是，还有一点需要强调，突出教学团队的"双师结构"建设并不是忽视教师个体"双师素质"的培养——个体是团队的基础，二者同等重要。拥有若干具备"双师"素质的专业教师是形成"双师结构"团队的基础，高素质的"双师型"专业带头人和骨干教师是组成"双师结构"教学团队的中坚力量。

因此，从高职院校整体上来讲，教师队伍建设的目标是以培养和建立一支过硬的"双师结构"教学团队；对于教师个人而言，应该在保证具备足够的理论知识教学能力的同时，通过培训、挂职等途径不断加强对从事实践课程教学和专业实践活动指导能力的培养。

各高职院校必须牢固树立校企合作的"大职教观"，使教师在终身教育理念的引领下朝"双师素质"方向努力，创造有利于"双师型"教师成长和发展的外部条件；还应该主动创新思路，积极引进优质企业搭建合作平台，建立切实有效的激励机制，健全"双师型"教师队伍的管理体制，全方位地保障"双师结构"教学团队建设步入良性循环、稳步发展的轨道，真正实现"资源共享、优势互补、利益互惠、发展共赢"。

第四节 "双师结构"商务英语教学团队建设

我国的外向型经济持续发展与世界经济全球化的大环境促进了商务英语学科在我国的兴起与繁荣。特别是我国加入WTO之后，各行各业招商引资的步伐进一步加快，对外商务活动日益频繁，全社会对于具有较强的英语交际能力和较强商务实践能力的应用型人才的需求十分旺盛。这对高职院校来说，既是难得的机遇，也是巨大的挑战。如何培养符合社会需求的合格商务英语人才，如何在众多趋于同质的专业中独树一帜，成为摆在高职院校面前亟待解决的问题。解决这些问题的重点就在于提高教学质量，高水平的"双师结构"教学团队则是提高教学质量的前提。

一、商务英语教学团队建设的必要性

（一）建设高效的教学团队已经成为共识

美国学者乔恩·R.卡曾巴赫认为，团队是指一定的有互补技能、愿意为了共同目标而相互协作的个体所组成的正式群体。教学团队是团队的一种类型，是指向于教学、围绕教学而建立起来的团队。刘宝存认为："教学团队是以教书育人为共同的远景目标，为完成某个教学目标而明确分工协作、相互承担责任的少数知识技能互补的个体所组成的更好的团队。"教学团队可以提供比教师个体更富有成效的教学效果，能够提高教学质量，因此，建设一支高效的教学团队，是专业内涵建设的关键。

（二）商务英语教学需要教学团队的支持

商务英语是一个复合型专业。张武保认为："商务英语专业是以英语和经管类（管理学、经济学、法学、贸易）等相关学科的主干课程为主修内容的应用型、交叉型、多门类的复合型学科。它的目标是培养能够以英语为工具，独立、熟练、直接、有效地进行各种国际商务活动的国际型人才。"从中可以看出，商务英语具有十分鲜明的实践特征，合格的商务人才必须具备较强的实践能力，才能从事实际的商务活动。因此，商务英语教学不仅需要理论课教师，而且需要实践课教师。如果商务英语教师既具有扎实的商务英语理论基础，又具有丰富的外经贸工作实践经验，即具有"双师素质"，将会对商务英语教学质量的提高起到极大的促进作用。但是，要求所有的商务英语教师都达到这种理想状态显然是不现实的。建设一支由理论课教师和实践课教师组成的教学团队更具有可行性。在这样的教学团队中，应该既有专攻理论课教学的教师，又有专攻实践课教学的教师，并且两类课程的教师能相互取长补短、互动交流，为教学质量的提高共同努力。

（三）商务英语教师的现状需要组建教学团队

刘杰英在研究中发现，商务英语教师普遍具有三类问题：第一，教师的知识结构不合理。有些教师商务知识缺乏，而有些教师语言能力不足，结果出现两极分化——课堂上，有的成了纯粹的英语语言课，有的成了商务知识课；第二，思想观念和教学模式落后，忽视学生实践能力的培养，学生被动地接受知识，其实践潜能没有得到发挥；第三，师资队伍结构不合理，包括年龄结构、职称结构和师资来源。特别是师资来源方面，多数教师或主修英语语言文学专业，或主修国际贸易专业、商务管理专业，而来自企业一线的人员极少，造成大多数教师重理论轻实践，或者无法提供实践方面的切身体验。即使有少数来自企业的兼职教师，因为他们没有专门学习过教育学、心理学等教学理论，并且缺少教学实践，往往在授课方面存在较大困难，难以将实践和理论有机地结合起来。如果能组建一支教学团队，让不同的教师明确分工、各司其职，将能极大地改善目前商务英语教学面临的困境。

二、"双师结构"是建设商务英语教学团队的基本框架

如何建设和怎样建设一支高效的商务英语教学团队，是目前需要解决的基本问题，而'双师结构"则是破解该问题的关键所在。

（一）"双师结构"的内涵

"双师结构"专业教学团队，的建设方向：要增加专业教师中具有企业工作经历的教师比例，安排专业教师到企业顶岗实践，积累实际工作经历，提高实践教学能力；要大量聘请行业企业的专业人才和能工巧匠到学校担任兼职教师，逐步加大兼职教师比例，逐步形成实践技能课程主要由具有相应高技能水平的兼职教师讲授的机制。

从教育部的文件中可以看出，"双师结构"的教学团队中不但应该有理论课的教师，而且应该有实践课的教师；不但应该有全职教师，而且应该有兼职教师；不但应该有教学人员，而且应该有能工巧匠。"双师"的"师"不仅包括传统意义上的教师，而且涵盖所有具有丰富实践经验的工程师、商务师、工人师傅等。"双师结构"的精髓就在于理论与实践的有机统一。这为建设商务英语教学团队提供了明确的理论方向和政策指南。

（二）"双师结构"商务英语教学团队的构成

根据教育部关于"双师结构"的解释，结合商务英语教学的内容和特点，商务英语教学团队中的"双师结构"成员包括但不限于如下人员：英语语言教师、国际贸易教师、

管理学教师、经济学教师、商法教师、商务师、商务译员、外贸经理、单证员、外贸代理商等。

三、建设"双师结构"商务英语教学团队的原则和方法

根据卡曾巴赫对团队的解释,团队的构成要素通常被归纳为"5P",即 Purpose(目标)、People(人员)、Place(定位)、Power(权限)、Plan(计划)。目标是团队的凝聚要素,没有目标就谈不上什么团队。一个团队从组建开始就必须有明确的目标。只有明确的、共同的、远大的目标,才可以引领团队成员作为一个整体协调统一地向前发展,产生更大的工作效益。有了目标以后,人员就是构成团队最核心的力量。因为只有具备了合适的人选,团队的目标才能顺利实现。定位就是具体处于什么位置、扮演什么角色,包括团队在整个组织中的定位和团队成员在团队中的定位。而所谓"权限",指的是团队负有的职责和相应的权力。团队的权限范围必须和它的定位、工作能力和所赋予的资源相一致。最后涉及的主要问题是计划,关于具体开展各项工作、解决问题、实现目标的计划。团队的构成要素正是建设"双师结构"商务英语教学团队的基本原则和方法。

(一)目标求同存异

商务英语教学团队构成的突出特征是既有教师,又有企业人员。他们的工作目标并不完全相同。对于教师来说,他们的基本工作目标是为学院培养出合格的商务英语人才,即以教育为导向的目标;但是对于来自商务工作一线的人员来说,他们的基本工作目标是为企业增加利润,即以经济效益为导向的目标。这两者必然会产生矛盾与冲突,教育更多地关注人的发展,而商业则以物为核心。如果双方的目标不能统一,甚至产生分歧,则很有可能导致团队的瓦解。所以寻求统一的目标是成功建设商务英语教学团队的首要任务。

要找到团队的统一目标,必须深入探讨双方目标的共同点和契合点。虽然教师和企业人员基本的工作目标不尽相同,但是他们却有明显的预期交集。作为代表学校的教师,他们希望培养出的商务英语人才能够满足企业的工作需求,学生不但可以顺利找到适合的工作,而且一毕业就可以无障碍地进入工作岗位,顺利地转换身份角色;作为代表企业的商贸人员,他们深知利润率的提高、商业领域的成功离不开能力强的员工的辛勤劳动,招聘过程中企业对优秀员工的需求往往表现为求贤若渴。因此,那些可能会成为优秀国际商务人才的学生正是连接学校与企业的纽带和桥梁,这也是商务英语教学目标的出发点和归宿。在建设商务英语教学团队的过程中,一定要抓住契合点,为团队指引方向、提供动力、培育凝聚力。

沃伦·本尼斯认为："共同愿景是唯一的最有力的、最具激励性的因素，它可以把不同的人联结在一起，共同朝一个方向努力，实现团队绩效最大化。"在商务英语教学团队建设中，其共同目标应该是培养出能为企业带来利润的、综合素质和能力全面发展的、符合企业需求的既具有扎实英语交际能力又具有丰富商务理论知识与实践经验的合格商务人才。在此共同目标的基础上，学校和企业还应该共同制定更加明确的具体目标，努力实现学校与企业的无缝对接，求同存异，实现双赢。采用"订单式"培养模式的校企合作，就需要根据具体需要明确培养目标。例如，企业需要外销员，在制定共同目标的时候就应该明确合格的外销员应该具备的相应素质。

（二）结构多元化

商务英语教学团队的构成结构应该多元化，这包括技能的多元化、职业的多元化以及年龄的多元化等。只有通过多元化，团队成员才能优势互补，团队才具有生命力和创造力。过分地以某一种标准来限定成员势必造成某些具有特殊能力或经历的人员被排除在团队之外，使得团队难以得到创新性资源。

1. 技能多元化

商务英语教学是英语教学和商务教学的综合体。团队中需要有教授英语听、说、读、写、译等各项基本技能的英语教师，同时还需要教授经济学、管理学、国际贸易、商法等商务基础知识的专业教师。此外还需要教授谈判、贸易实务、商务礼仪等实践课程的技能型教师。因此，商务英语教学团队中成员的技能必须多元化，每个成员都应该在商务英语领域的某一个方面做到"术业有专攻"，并粗略地了解其他技能。

2. 职业多元化

技能的多元化决定了职业的多元化。在商务英语教学团队中，不但应该有专业的教师，还应该有其他行业的工作人员，他们即使不从事全职教学工作，也应该承担部分兼职工作。这些人员可以来自商务领域的各行各业，包括商务管理、销售、采购、物流、营销、公关、人力资源、法务、咨询业等。现代商业发展多元化、专业化的趋势越来越强，因此，在选择教学团队成员的时候也应该顺应时代潮流，向着多元化的方向发展。

3. 年龄多元化

在一个可持续发展的团队中，成员的年龄应该在老、中、青的不同年龄都有分布。一方面，老年成员可以为青年成员提供丰富的实践经验；另一方面，青年成员可以为老年成员提供创新理念和新的知识；而中年成员则起着承上启下的重要作用，成为团队的中坚力量。近几年来，国际商业环境变幻莫测，只有结合了各个年龄层段成员的教学团队，才能用历史发展的观点统揽全局，拨云见日。

（三）定位准确

首先，"双师结构"商务英语教学团队的定位必须立足学校和社会两个层面进行。一方面，该教学团队必须服务于商务英语专业或者商务英语课程教学质量的提高与教学改革的推进；另一方面，该团队必须立足地方商务和经济的发展。"双师结构"教学团队在定位方面具备先天优势。团队成员更擅长教学和科研，可以帮助该团队在学校层面进行准确定位；而团队中的企业人员拥有更丰富的实践经验，可以帮助该团队在社会层面进行准确定位。将这两方面的特色有机地结合之后，校企合作、工学结合等目标自然能顺利实现。其次，团队成员也应该明确各自的定位。"双师结构"强调的是个体力量的有机融合，发挥的是"1+1＞2"的优势，团队成员必须在拥有广博知识的基础上充分发挥个体的独特优势，避免因为个人精力有限导致的粗而不精、泛而不深的缺点。具体来说，应该做到全职教师和兼职教师合理分布，有人专职从事教学工作，有人专攻学术研究，有人专司实践指导，并且全体成员定期切磋交流，集体备课，集体深入企业实践和观摩，互相学习，取长补短。

（四）权责明确

商务英语教学的基本内容包括培养学生扎实的英语语言综合应用能力、传授基础的商务理论知识，以及在实践锻炼中丰富学生的商务经验。英语教师负责培养学生的听、说、读、写、译等方面的基础能力。商务课程教师要尽量完全或者部分采用双语教学方式传授和商务实践相关的系列课程，包括经济学、国际贸易理论与实务、外贸函电写作、商务英语谈判、商务口译、商法等。商务实践课程教师要负责联系各级商贸企业或公司，与之达成长期的战略合作培养协议，带领学生在这些企业或公司进行实习训练并为其提供专业的指导；从企业或公司聘请兼职教师负责实训方面的指导，对那些不熟悉商业实践的教师进行业务培训。

团队带头人是一个团队的灵魂与核心。带头人必须具有较强的领导能力、组织能力和号召能力，善于识人、用人，能够将团队成员安排在适合的岗位上，最大限度地发挥其作用，从而明确团队中每一个成员的具体权力和职责。鉴于"双师结构"教学团队的特点，遴选优秀的带头人至关重要，一定要避免外行领导内行的尴尬局面。

（五）计划明确

商务英语教学团队与社会经济发展密切相关，要立足地方商业发展和经济发展，走产、学、研相结合的综合发展道路，将团队的发展和学校的发展与社会的发展紧密联系在一起。

一方面，商务英语教学团队要深入商贸企业，切实了解企业对商贸人才的具体需求，避免闭门造车，从而培养出高素质的合格商贸人才，推动企业、商业和经济发展；另一方面，通过团队与企业的合作，让企业意识到招聘过程应从学生入学时开始，员工的培训应从学校教育入手，鼓励企业为教学团队乃至学校的发展出钱出力。

团队成员的个人发展和团队的整体发展一样重要，要制订详细的个人发展计划，为团队的整体发展打下良好的基础。虽然团队中的教师和企业人员各有专长、各司其职，但是所有成员必须对商务英语的知识、技能和教学有全面的了解，以利于提高交流沟通的效率。因此，学校要定期委派专业教师深入企业一线挂职锻炼，定期参加商务理论研讨活动；还要通过定期的教学理论和基本功培训、竞赛提高企业人员作为兼职教师的教学质量和水平；组建科研团队对商务英语教学和实践中出现的问题进行科学研究与探索。

"双师结构"商务英语教学团队是一个多元化的综合性团队。它集合了教学、科研、实践等方面的全职和兼职教师。团队成员或精通理论，或擅长科研，或拥有丰富的实践经验。虽然每个人未必对商务英语的理论、教学和实践有全面的把握，但是由于每个人在某些方面具备了超出其他人的知识和技能，所以，在团队带头人的科学管理和合理协调之下，团队成员可以有效地实现优势互补，实现各方面知识和技能的有机综合，发挥出单个全能教师难有的集体智慧力量。这对于提高教学质量、提升专业建设水平、促进教育教学改革、保证高职人才培养质量、为社会培养高素质的合格商务英语人才具有重要的实践意义。

第五节 "EGP + ESP"与高职英语教师专业发展

越来越细的社会分工要求人们的学习和工作要有明确的指向性，或叫专业性。作为职业院校的学生，在校学习期间就要为今后自己所从事的职业做知识和技能方面的准备；而作为高职院校的英语教师，应该相应地为学生实现这一目标提供应有的帮助和支持，很好地协调 EGP 和 ESP 之间的关系，规划好自己的专业发展，更好地服务于高职英语教学。

一、EGP 和 ESP

高职英语教学应分为基础英语 EGP 和 ESP 两个教学阶段。史蒂文斯（Stevens）提出了 ESP 的四个基本特征：①需求上满足特定的学习者；②内容上与特定专业和职业相关；③句法、词汇和语篇上放在与特定专业、职业相关的活动的语言运用上；④与普通英语形成对照。可以说将语言教学与学习者需求结合起来既是ESP的灵魂和精髓,也是ESP产生和发展的动因。在实际教学中,ESP与EGP是相互接续并统一的,是实现同一教学目标的两个层面。EGP以一般的语言知识和技能为主要教学内容;而ESP则是在需求分析的基础上,以培养学生在一定工作环境中运用英语进行交际的能力为目标,具有十分明显的实用性和行业特点。"EGP+ESP"教学模式体现了"先基础,后专业"的高职英语基本教学规律:EGP是ESP的基础,ESP是EGP的继续;EGP是语言教学中的基础教学,ESP是语言教学中的专业教学。

二、ESP教学的要求及实现途径

ESP教学对于高职院校和高职英语教师有着特殊的要求,从学校层面来看,必须严格准入制度,注重岗前培训。教师的专业发展开始于入职之前,高职教师在求学阶段的相关专业课学习事实上就是专业发展的基础,英语教师当然也不例外。扎实的听、说、读、写、译能力的培养,以及对英语国家文化背景的了解和跨文化交际能力的发展等,都是合格的高职英语教师的必备条件。除此之外,职业教育的职业特性还决定了对所招聘人才的独特要求。只有制定严格的执业资格标准,健全职教教师准入制度,规定高职高专院校英语教师录用的专业性、技术性和规范性,不达标准不予录用,才能从源头上保障高职院校英语教师的基本素质,这也是教师专业化建设的一个重要措施。

在岗前培训方面,由于高职英语教育不仅具有普通英语教育的要求和标准,而且还有职业英语教育的特殊性,即注重实用性、专业性和方向性,所以,对高职英语教师要求的标准不应仅仅是学历资格的问题,更应从专业化的角度对职教英语师资的专业标准和要求进行规范。所以,高职院校英语教师的岗前培训要加强针对性和目的性,对培训的内容和课程的结构也应该有更高的要求。叶澜教授认为:"教师专业发展就是教师的专业成长或教师内在专业结构不断更新、演进和丰富的过程。"其发展既包括知识的积累、技能的娴熟、能力的提高、学科专业的发展,也涵盖教师教学态度的改进、教学情感的发展、教学理念的与时俱进等。对于英语教师的专业发展,吴一安教授认为应包括四个维度,即外语学科教学能力、外语教师职业观与职业道德、外语教学观及外语教师学习与发展观。高职ESP教学要求教师不仅应具有深厚的语言功底,具备足够的专业知识,还要熟悉相关岗位群的实际工作流程,这就给高职英语教师的专业发展带来了较大的挑战。从英语教师自身来看,要尽快适应ESP教学的需求,设计好专业发展路径,具体可从以下几方面着手:

（一）转变观念，找准高职英语教育目标定位

1997年联合国教科文组织在《国际教育标准分类》中对高等职业教育的描述为："课程内容是面向实际的，是分具体职业的。主要目的是让学生获得从事某个职业或行业或某类职业或行业所需的实际技能和知识，完成这一级学业的学生一般具备进入劳务市场所需的能力和资格。"但事实上，现在仍然有一些高职院校的英语教学一直在沿袭传统的教学模式，仍在办压缩型的本科教育，过分强调"基础"，夸大所谓"的知识面"，存在培养目标定位过高、过宽的现象。高职英语教学应遵循"实用为主，够用为度"的原则，"基础理论教学要以应用为目的，以必须、够用为度，专业课教学要加强针对性和应用性"。

观念的转变主要表现在教学观、知识观和学生观等方面。在教学观方面，教师不应以讲授知识为唯一的教学目标，还要努力激发学生的学习兴趣，使他们掌握学习方法，在探索中发现知识、掌握知识。在知识观方面，教师应该在教学中采用任务型教学方法，让学生用英语完成各种真实的生活、学习、工作等任务，将课堂教学的目标真实化、任务化，以培养其运用英语的能力。在学生观方面，教师要真正做到以学生为中心，要把学生学得如何当作衡量教学是否成功的依据。教师的教最终还是要通过学生是否能够接受、接受得如何、对他的成长有何帮助来体现和检验。

（二）提倡行动研究，在实践中提高自己

教学行动研究是近年来国外盛行的教育研究方法之一，与英语教学密切相关。它是以教师有效地解决教育实践中的实际问题，改进教学质量，评估自己的教学活动，解决教学中碰到的棘手、亟须解决的实际问题为目的，而采取的研究与实践合二为一的行为过程。努南（Nunan）曾以英语作为第二语言教学为例说明"行动研究"的各步骤：①确定问题（如学生学习兴趣不强）；②初步调查（收集第一手资料）；③提出假设（教学内容未能激发学生的兴趣，在课堂中过多地使用了陈述性问题）；④干预（改变教学内容使其联系学生实际，大量使用推论性问题）；⑤结果（大量学生参与、兴趣提高，学生之间、师生之间的交流大大增加）；⑥报告（报告研究成果，促进教师自身专业水平的提高）。行动研究使英语教师了解掌握学生专业发展要求，提高了观察、独立思考和科研的能力，提高了教师自我发展的自觉性，营造了浓厚的学术氛围，让他们不知不觉地参与到校本课程建设与开发中去，从而提高了学校的整体教学水平。

（三）进行反思性教学，在反思中成长

对教学经验的反思，即反思性教学，又称"反思性实践"。它指教师凭借实际教学经验的优势，在实践中发现问题，并通过深入思考观察寻求解决问题的方法和策略，以期达到自我改进、自我完善的目的。

教师个体专业化发展的心理机制的实质在于教学反思。反思能力是高职英语教师专业成长的重要促进因素，是"教师专业发展和自我成长的核心因素"。它要求英语教师要检查自己的教学实践，回顾、诊断、监控自己的教学行为，总结教学过程中的得失，改进教学方法和策略，促进学生的学习和发展，适应教学需要、学生需要、社会发展需要。反思教育教学过程是教师对自身教育行为及效果的分析与思考过程，使自己逐渐成长为专家型教师的过程。因此，反思性教学是高职英语教师专业成长的关键。

反思性教学不仅可以促进英语教师专业能力的持续发展，而且还是一种新型、有效的英语师资培养模式。理查德（Richard）提出，教师高层次能力的培养不可能由技巧培训来完成，只能是长期自觉反思的结果。我国高校英语教师职业化起点低，反思性教学为其提供了一种新型的在职教育、继续教育和终身教育的形式。

（四）提高科研能力，在研究中完善自我

越来越多的学者认为，教师从事研究能够增强他们的专业性。进行教育研究，意味着教师确信自己有能力构建知识和改进他们的实践。高职英语教师一旦成为研究者，他们便不再是一个机械的知识传授者，而是逐渐成长为能够在英语教学实践中开展研究的积极的教育参与者甚至首创者，能够把自己在教学第一线获取的鲜活的资料，以及所做的观察、记录加以分析整理，为教师在行动中反思、提高自身专业素养提供基本素材，更为日后创造性地进行教学改革、校本教材研究做好准备。

（五）加强"双师素质"培养，培养复合型教师

职业教育教师不仅应具备普通教育教师的职业素质，而且需要具备相关行业从业人员的一部分职业素质——主要是对相关行业（职业）基本知识的了解和相关行业（职业）基本能力的掌握。"双师型"是对所有职业教育教师的要求。一个职业学校的外语教师对相关行业（职业）缺乏基本的了解，是很难真正实现有效教学的，ESP教学的效果肯定不会理想，更难以实现职业院校外语学科教学目标。

（六）参与校本培训，与院校共同发展

按照欧洲教师教育协会的有关界定，"校本培训是指源于学校发展的需要，由学校发起和规划的，旨在满足学校每个教师的工作需要的校内培训活动"。它和目前许多高职院校教师所参加的以提升自己的学历为目的的学历教育培训是完全不同的。

从教师专业发展角度来看，校本培训更贴近教师的个性特点和需求，更有助于指导教师制订体现个性化的个人学习计划，创设有助于进行反思性教学的工作环境，并根据进展情况适时调整，解决教育思想、教育观念、教学能力以及业务知识结构等方面遇到的各种实际问题，有效促进其专业发展。而且，高职院校只有针对本校发展中出现的问

题，把教师的实际工作带到培训中来，创设特有的融科学研究、创新实践、实战训练为一体的培训，引导教师设计适合自己的教学技能实践计划，并坚持进行教学反思，真正实现"学用"结合，才能不断提高教师的专业技能。

第八章　交际教学法与高职院校英语教学

与传统的英语教学法相比，交际教学法更加强调英语教学的交际化应用价值，要求英语教学始终坚持以学生为中心，发挥学生的主体性作用，全面提升学生在对话交际和跨文化交际中的英语应用能力，切实提高英语教学的创新性、实践性和有效性。

第一节　20 世纪 80 年代前后的英语教学回顾

20 世纪 80 年代前，传统的教学方法，如语法翻译法、听说教学法，一直占据着我国英语教学的主导地位。在传统教学法模式下，听说教学活动一般包括以下部分：听老师读的材料或者录音材料；重述所听到的内容；根据听力材料回答问题；根据所给提示做出回答。很显然，在这种类型的教学活动中，学生所使用语言的方式与真实语境中使用语言的方式大相径庭。因此，在交际教学法模式下的语言背景中，听说技能应该以不同的方式来进行训练。也就是说，教师应该给学生提供更多的机会去听鲜活真实的语料，并说出有意义的富有创造性的语言。

我们都知道，外语教学的目标就是培养语言学习者在真实的语言环境中能以目标语言进行交际。教师应该教授鲜活真实的语言，而且应该用真实语境中语言所使用的方式去教授学生使用语言。然而，在许多高职院校的英语教学实践活动中，英语教学往往不是这样来进行的。真实情况是学生在传统教学方法模式下习得的语言与现实生活中所使用的语言相去甚远。区别体现在以下几方面：

在现实生活中，语言是用来执行特定的交际功能的。比如打电话、问路和指路、表达喜好和厌恶等。然而，在传统语言教学模式的课堂上，语言教学主要强调语言的形式，而不是语言的功能。如果以这种方式来教学，结果是学生学会了许多句型结构或表达方式，但他们却往往不知道该如何使用这些句型结构或表达方式。最终，学生还是不能在现实生活中恰当地应用语言来满足他们的交际需求。

在现实生活中，当人们进行语言交流时，不仅需要输入性技能（听力技能和阅读技能），而且需要输出性技能（说和写的技能）。然而，传统的教学方法有一种倾向，那就是强调某些语言技能，而忽略了其他语言技能。例如，语法翻译法强调语言的读和写，而实际上却忽略了语言的听和说。

在现实生活中，人们总是在具体的语境中使用语言。然而，传统的教学方法常常强调语言，而忽视了语言应用的环境。

自从20世纪80年代以来，交际教学法开始在我国的第二语言教学中引入使用。现在，越来越多的大学教师开始在他们的语言教学中探讨和使用这一教学法。

第二节 交际教学法在高职院校英语教学中的探索应用

目前，许多高职院校的英语教学并没有体现出职业教育的实际情况，基本上还是在照搬普通高等教育的理念和模式，教学中依然以采用语法翻译法为主，英语教学更多地侧重于知识的传递，而不注重培养学生使用英语进行交际的能力，因此，学生不能灵活地把课堂上学到的英语知识有效地应用于现实生活的实际交际中去。经过几年的学习，毕业后，学生依然不能有效自如地使用所学外语满足实际工作和学习的交际需求。结果，许多高职院校的英语教学都面临这样的问题：入学时，学生英语自主学习度较差，学习主动性不强，学生的英语水平差异很大；教师教得累，学生学得苦；教学效果比较低；教师完成英语教学计划的效果不够理想，难以顺利实现高职教育的目标。对此，许多教师都进行了反思和探索，以便改善这种状况。他们不断努力以寻求更为有效的教学方法来促进和提高高职院校的英语教学效果。

近年来，我国一些高职高专院校的英语教师开始探索采用交际教学法来开展英语教学。有些教师已经在他们的教学实践中看到了成效，但是，也有些教师对使用这一教学法的效果并不感到十分满意。第一个原因就是高职院校的教学班型往往过大。以某个学院为例，一个班级有25～40名学生。教师发现，他们在有限的教学时间内很难确保每个学生都有机会与其他学生使用英语进行口头交际或交流。第二个原因是入学时，学生的英语基础和英语水平差异很大。教师很难在同一个班级的英语教学中满足每个学生的需求。第三个原因就是教师在有限的课堂教学时间内难以同时完成两大教学目标：一是帮助学生习得英语听说读写的交际技能；二是帮助学生准备并通过国家英语能力水平考试。第四个原因就是，有些高职院校的英语教师没有受到足够多的教学方法方面的专门培训。大家知道，在交际教学法模式下的课堂上，教师要把许多时间用到准备教学材料、组织教学活动并管控教学上来。因此，英语教师要具有较高的交际法教学能力水平，并拥有除了教授语法句型结构之外的多种语言技能。可能还有其他原因，但是，任何一个原因都可能会妨碍教师实现其交际教学的目标。部分职业教育的示范性学院，招收2年制或3年制的学生。英语在某些专业是必修课，而在其他一些专业是选修课。入学时，学生的英语学习动机和英语自主学习度不尽相同；学生的英语基础和英语水平差异非常大。许多教师在教学中以使用传统的语法翻译法为主开展教学活动。学生从学院毕业后，许多人并不能有效地使用英语满足工作和学习中的基本交际需求。对此，学院的教务处往往要求英语教师采取有效的措施以改善这种状况。

第三节　在自然班级中应用交际教学法的对比实验

一、自然班级中对比教学实验的设计及实施

（一）提出实验研究的假设

众所周知，语言是人类彼此进行交际沟通的重要的工具之一。学生强烈希望把学习英语当作是在学习一种有效的交际工具，而不是在学习死的英语知识和语法规则。因此，在设计教学实验时，应更多考虑的是教学实验如何有效地在高职院校英语教学实践中起作用。在本书所述的实验中，提出了一个假设：如果交际教学法和语法翻译法对实验中受试班级学生英语教学所产生的教学作用不同，那么，其中一个教学方法将比另外一个教学方法更为有效；如果两种教学方法对受试班级学生英语教学的作用不同，那么，这两种教学方法将对受试班级学生的英语学习方式的发展产生不同的影响，并最终对受试学生的英语学习动机和英语自主学习度产生不同的影响。这是因为，学习方式常常与学生的学习动机和自主学习度密切相关。其结果是两种不同的教学方法可能会使分别采用这两种教学方法的受试班级学生英语学习成绩出现差异。

（二）设计实验研究的问题

根据研究的假设，提出了以下两个具体研究的问题：

一是交际教学法和语法翻译法对受试班级学生的英语学习方式会产生不同的影响作用吗？

二是如果两种教学方法对分别采用这两种教学法的受试班级学生英语学习方式产生的影响作用不同，那么，哪一种教学方法将会更为有效地提高受试班级学生的英语学习动机，并最终提高他们的英语学习成绩？

在学期初，受试班级学生都进行了入学测试，测试所使用的试题是全国高等学校英

语应用能力水平测试B级试题。在学期末,受试班级学生再次进行期末测试,所使用的试题是另外一份全国高等学校英语应用能力水平测试B级试题。采集受试班级学生的测试成绩,并计算出每个受试班级的平均成绩。比较两组受试班级的成绩,通过数据对比分析,就有可能得出科学合理的结论和所采用的教学方法的启示和推断。只要设计的教学研究实验的步骤能严格地贯彻实施,就可以保证教学实验的可靠性和有效性的风险能降到最低,那么,学期末受试班级学生的测试成绩的任何变化大都是由教学实验所引起的。

(三)设计实验及开展教学实践

1. 设计实验

选择受试对象。实验的受试对象是两个受试班级共43名一年级刚入学的新生,其中男生26名,女生17名,都是2008级建筑工程系的学生。

建筑工程专业的班级A班和B班的学生是由学院教务处随机性进行自然教学分班的。以这种方式进行分班,我们可以说,学期末受试班级学生测试成绩的任何变化大都是由实验中所采用的两种教学模式下所开展的教学实践引起的。这是因为我们能够推测,教学实验中可能会对实验产生影响作用的其他因素(比如说学生的智力因素或者学习态度等)在实验中对两组受试班级存在影响的概率均等,因此,这些因素可以被忽略。A班和B班两个班级学生所学的专业相同,教学中所使用的教材相同。A班有学生22名,B班有学生21名。为了便于进行教学实验,把A班称作实验班,B班称作对比班。在这个学期,两个受试班级学生的教学时数都是72学时。

在学期初,A班和B班的学生都进行了入学英语水平测试,所使用的试卷是2007年12月全国高等学校英语应用能力水平测试B级试题。从参加教学实验的受试班级A班和B班学生入学英语测试的成绩可以看出,A班学生的平均成绩是50分,而B班学生的平均成绩是51分。因此,可以说,两个受试班级A班和B班的学生入学时英语水平非常接近。据此也可以推断出两个受试班级的学生是随机地被分在A班和B班里的,因为两个班级学生的英语水平非常相近。由于A班和B班学生都是大一新生,因而可以得出两个受试班级学生的年龄相同(或相近)的结论。从调查问卷中,我们能够推断出:两个受试班级的学生在诸如英语学习动机、学习态度、学习方式、学习习惯、英语自主学习度等方面的情况也相同或相近。两个受试班级A班和B班之间唯一的不同是这两个班级在进行教学实验时所采用的教学方法,A班采用的教学方法是交际教学法,而B班采用的是传统的语法翻译法。

在学期末,再次对两个受试班级的学生进行英语水平测试,所使用的试卷是另外一套全国高等学校英语应用能力水平测试B级试题(2008年6月)。采集受试班级学生的实验数据,并把 A 班和 B 班受试学生入学时和学期末的数据进行对比分析。

这次教学实验的目的在于对比分析研究两个变量之间的关系,即自变量教学方法和因变量学生英语学习成绩之间的关系。从上面的分析我们可以得知:在教学实验中,两个受试班级的学生在学期初是随机地被分在 A 班和 B 班里的,因此,这两个班级的受试学生在许多方面都拥有相同或相似的特征,比如说所学专业、年龄、英语语言能力、学习动机、学习态度、学习方式、学习习惯、英语自主学习度等方面。因此,可以说本次教学实验的可靠性和有效性得到了保证。在整个教学实验过程中,严格地贯彻实施了所设计的教学实验步骤(如果没能严格地贯彻实施上述教学实验步骤,那么教学实验的有效性就可能存在遭受质疑的风险,因为有些不可控的变量可能会影响其他的变量)。

2. 选定实验工具

在教学实验中,采用了 SDLRS 作为实验工具之一来采集相关的教学实验数据,以便对比分析研究两个受试班级所采用的两种不同的教学法与学生英语自主学习度之间的关系。改编的 SDLRS 是一套用于调查了解学生学习方式的调查问卷。在研究自主导向型学习程度的领域里,用于度量自主学习度最著名的量表就是"自主导向型学习度量表"(Self-directed Learning Readiness Scale,缩写为 SDLRS)。这是一份由 Lucy M.Guglielmino 在 1977 年开发设计的调查问卷,问卷是一种由 58 个项目组成的李克特五等量表。作为一种判断工具,自主导向型学习度量表(SDLRS)可以被缩减为包含自主导向型学习度的八个要素:(1)对学习机会的开放度;(2)作为一个有效的学习者的自我概念;(3)学习的主动性和独立性;(4)对自己学习责任心的认可程度;(5)对学习的热爱;(6)学习的创造性;(7)未来的导向性;(8)基本学习能力及解决问题的能力。为了更好地辨别可能由两种不同的教学方法所引起的两个受试实验班级学生学习行为的变化,设计了一份自主学习度调查问卷,此问卷是经过改编的包含自主导向型学习度量表八要素和奴南的学习方式测试表的调查问卷。很显然,第一种学习方式(Type1)代表高的自主学习度,因为它强调学习者对自己学习的控制力;第二种学习方式(Type2)代表低的自主学习度,因为它强调学习者在学习过程中对教师的依赖性。

教学实验中所使用的第二种工具是学期初英语水平测试和学期末英语水平测试。为了保证两个受试班级 A 班和 B 班的可比性,并对两个班级受试学生的表现进行全面的衡量,使用两个受试班级学生的入学测试成绩和学期末测试成绩来对比分析采用两种教学方法模式下的教学实践对学生学习成绩的不同影响。

教学实验中所使用的第三种工具是学期末受试访谈,用以抽样调查了解分别采用两种不同教学法的受试班级学生在学期末对自己英语学习的观点和评价。

3.规划实验步骤

在学期初的第一次教学课上，A班和B班的学生都要填写学期初英语自主学习度调查表。在学期末，这两个班的学生需要再次填写英语自主学习度调查表。学期初的43份受试学生自主学习度调查表和学期末的43份自主学习度调查表对于实验数据的对比分析都真实有效。

4.采集分析实验数据

采集学期初和学期末两个受试班级学生的相关教学实验数据，并对这些数据展开对比分析。通过对两个受试班级学生入学时和学期末英语学习成绩进行对比分析，来研究受试学生英语学习成绩和英语自主学习度的关系。

（四）开展教学实践并有效管控教学

首先，看一下教学课堂背景下的语言学习和语言使用。加拿大安大略教育研究学院OISE(Ontario Institute for Studies in Education)开发设计了一种方法，用以描述语言教学中的教学进展情况，这种方法被称作"语言教学的交际趋向"（Communicative Orientation of Language Teaching）。这一方法的目的就是要使观察者尽可能详尽准确地描述第二语言教学课堂上交际活动的一些特征。这一方法被开发设计并为研究人员用来对比研究不同的语言教学课堂。"语言教学的交际趋向"这一方法由两部分内容构成。第一部分侧重于课堂活动的描述，包括五个方面的内容：课堂教学活动、对参与者的管理、教学内容、学生的特征和教学材料。第二部分与教学的交际特征相关联，包括七个方面的内容：目标语言的使用、信息差距、持续的说话能力、对语言代码或语言主旨的反应、对前面语言的应用、主动开始说话、对语言形式的相关限制。库克把课堂教学活动和交际特征概括如下：

第一部分：课堂活动

◎进行什么样的课堂教学活动？

◎教师和学生是如何参与教学活动的？

◎在教学活动中谈论什么内容？

◎使用什么样的语言技能或结合使用什么样的技能？

◎使用什么样的教学材料？

第二部分：课堂使用的语言（交际特征）

◎课堂使用何种语言，是第一语言，还是第二语言？

◎是否有信息差距？

◎谈话持续多长时间？

◎对语言代码或语言主旨的反应?

◎说话人是否考虑到了其他人所说的内容?

◎是谁主动开始说话的?

◎语言形式是如何受到限制的?

下面,我们来看看教学实验的具体情况。

1. 自然班级教学实验中受试班级 A 班的情况

(1)第一部分,课堂活动:

①课堂教学活动的类型。在采用交际教学法教学模式的课堂上,受试班级 A 班学生主要开展功能性交际活动和社交性交际活动。在功能性交际活动中,学生要参与诸如问路、共享信息解决问题、识别图片、找出顺序或位置、找出丢失的信息和特征、找出"秘密"和不同之处等教学活动;而在社交性交际活动中,学生要参与讨论、辩论、即兴创作、具体场景和具体目标下的角色扮演活动、提示性对话的角色扮演和大范围的模仿练习活动。

②参与教学活动的组织管理。在采用交际教学法教学模式的课堂上,教师承担着等多种角色服务者、演员、研究者和学者、需求分析师、顾问及小组活动进程的管理者;而学生则扮演交流者和协商谈判人的角色。

③教学内容:题材广泛的教学材料可以用于采用交际教学法模式的语言教学课堂,教学内容侧重于语言和课堂教学管理。教学活动谈论的话题非常广泛,话题通常是由教师根据学生的需求来选择的,然而,有时学生也可以根据他们自己的喜好来选择一些话题。

④学生的特征:在教学实验中,受试学生主要参与听、说、读、写的教学活动和教学内容。

⑤教学材料:题材广泛的教学材料可以用于采用交际教学法模式的语言教学课堂。通常来说,交际教学法课堂主要采用三种类型的教学材料,就是以课文为基础的材料、任务型材料和教具。在采用交际教学法模式的语言教学课堂上,教师把语言教学材料当作一种方式,用以影响课堂交流和语言使用的质量。因此,教学材料对促进交际性语言的应用起着重要作用。

(2)第二部分。课堂使用的语言(交际特征):

①目标语言的使用。课堂教学的目标语言应用于教学的整个过程中。如有必要,教学中也可以使用母语。

②信息差距。在教学活动中,存在信息差距。对于所要求的信息,学生事先不可知。

③谈话的持续性。在教学活动中,谈话内容常常涉及语言的主旨或具体的信息。

④对语言代码或语言主旨的反应。在教学活动中,参与谈话的人常常是对语言的主

旨而不是对语言代码做出回应。

⑤说话人是否结合使用其他人所说的内容。在教学活动中，说话人常常把其他人所说的内容结合使用到自己的谈话内容中。

⑥由谁主动开始谈话。在课堂教学活动中，学生常常有机会开启对话。

⑦语言形式的相对限制。在课堂口语教学活动中，教师并不总是期望学生使用特定的语言形式。教师这样做，是为了避免出现打断学生自如使用语言进行交际的情况。

2.自然班级教学实验中受试班级 B 班的情况

（1）第一部分。课堂活动：

①课堂教学活动的类型。在采用传统的语法翻译法教学模式课堂上，受试班级 B 班学生主要以句型练习的方式进行教学活动。语言学习就是学习句型结构、语言的形式、语音和词汇。语言学习的相关项目不必放在上下文中去学习体会。

②参与教学活动的组织管理。在采用语法翻译法教学模式的课堂上，教师管控学生，避免他们去做有悖于语法翻译法理论的活动。在课堂教学活动中，学生主要是独自开展学习活动，而不是以小组形式或两人一组结伴的形式开展学习活动。

③教学内容。在采用语法翻译法教学模式的课堂上，教学内容主要集中于课堂教学管理和学习语言的形式、句型结构，而不是集中在学习语言交际的语义方面。"语言学习是一种习惯"，因此，在语言学习的教学活动中，要最大限度地防止出现语言错误。就形式上的正确性而言，语言的准确性是第一要务。

④学生的特征。在教学实验中，受试班级 B 班学生主要参与读和写的教学活动和教学内容。只有在进行了长时间刻板的句型训练及做完相关句型的课堂练习后，学生才开展交际性活动。

⑤教学材料。在采用语法翻译法教学模式的语言教学课堂上，教师期望学生与录制好的语言系统的材料或受控的语言教学材料进行互动。教学中，追求熟练掌握所学语言或"语言的深度学习"。对于所学的语言材料，教师要求学生理解语言的形式、句型结构、词汇的意义及其用法。

（2）第二部分。课堂使用的语言（交际特征）：

①目标语言的使用。在采用语法翻译法教学模式的课堂上，课堂教学的目标语言系统将通过深度学习系统的句式来达到习得的目的。要求教师详细讲解学生将要使用的语言。学生的母语是教师进行讲授的媒介，教师使用学生的母语来讲解新的语言项目，并把相关项目用第一语言和第二语言进行比较。

②信息差距。在教学活动中，对于所要求的信息，学生事先可知。

③谈话的持续性。在教学活动中,教学的内容常常局限于单句或单个的词。

④对语言代码或语言主旨的反应。在教学活动中,参与谈话的人常常是对语言代码而不是对语言的主旨做出回应。

⑤说话人是否结合使用其他人所说的内容。在教学活动中,说话人很少把其他人所说的内容结合使用到自己的谈话内容里。

⑥由谁主动开始谈话。在课堂教学活动中,学生很少有机会主动开启对话。

⑦语言形式的相对限制。在课堂教学活动中,教师常常期望学生使用特定的语言形式。

二、自然班级中教学实验的发现及建议

现在,回顾一下在开展本轮实验前所提出的假设。在本书开展的实验中,提出了一个假设。根据研究的假设,提出了两个具体研究的问题:第一,交际教学法和语法翻译法对受试班级学生的英语学习方式会产生不同的影响作用吗?第二,交际教学法与语法翻译法相比,哪一个能更为有效地提高高职院校学生的英语学习动机,并最终提高他们的英语学习成绩?

根据本轮的教学实验及对实验数据的对比分析,我们有了以下发现,并据此来回答实验设计中提出的两个具体问题。

针对第一个问题——"交际教学法和语法翻译法对受试班级学生的英语学习方式会产生不同的影响作用吗?",答案是肯定的。这一点可以从两个受试班级的学期初和学期末学生英语自主学习度调查问卷,以及学期末受试学生访谈中的数据对比来得到验证。

通过对以上教学实验数据的对比分析,除了得出实验结论外,还可以得到一个重要启示:如果某一个教学班级里学生的英语水平和能力存在较大的差异,在条件允许的情况下,教师最好采用分层教学的模式开展教学活动,这样能够最大限度地满足不同英语水平学生的需求。

但是,如果这样做,潜在的不利因素就是给相关学校的教务部门带来了一些分班方面的工作压力。因为,相关学校的教务部门及教师需要对学生进行入学英语水平测试,以便根据学生的英语水平测试成绩对学生重新分班,这样就加大了教务部门和相关教师的工作任务。

第四节　交际教学法在英语分层教学中的初步探索

一、分层教学实验的理论基础、研究方法和理论假设

（一）分层教学实验的理论基础和研究方法

本次教学实验研究的理论基础参见本书第一章和第二章，开展本次教学实验所具有的可行性参见本书第三章。在本次教学实验中，采用了定量研究的方法，对实行分层教学的提高班（A班和B班）和基础班（C班和D）进行对比实验，以对比分析两组分层教学班级受试学生的学习变化情况。通过采集实验数据，并对实验数据展开科学合理的多角度的对比分析，得出科学合理的结论。

（二）理论假设及具体问题

在本次进行的英语分层教学实验研究中，提出了一个假设：如果交际教学法和语法翻译法对实验中受试分层班级学生的英语教学所产生的影响作用不同，那么其中一个教学方法将比另外一个更为有效；如果两种教学法对受试班级学生英语教学的影响作用不同，那么这两种教学法将对受试班级学生的英语学习方式、英语学习动机和英语自主学习度产生不同的影响，并最终导致受试学生英语学习成绩的差异。

根据研究的假设，提出了两个具体研究的问题：第一，交际教学法和语法翻译法会对受试班级学生的英语学习方式产生不同的影响吗？第二，如果两种教学方法对受试班级学生英语学习方式产生的影响不同，那么哪一种教学法能更为有效地提高受试班级学生的英语学习动机及自主学习度，并最终提高他们的英语学习成绩？接下来，将介绍教学实验的设计及实施，并对实验提出的两个具体问题逐一加以论证。

二、分层教学实验的设计和实践

实验主要采用定量研究的方法，利用三种实验工具，即自主导向学习度调查表SDLRS、学期初和学期末英语测试成绩、受试学生访谈，对分别采用交际教学法和语法翻译法的4个受试班级学生进行英语学习方式、自主学习度及学习成绩变化情况的对比分析，展开多角度的讨论和分析，得出科学合理的实验结论。这次教学实验由以下几部分组成：选取受试对象、实验采用的工具、实验的步骤、实验数据采集及分析、实验数据的讨论及结论、教学实验及管理。下面我们对这几个部分做简单介绍。

(一)选取受试对象

实验的受试对象为两个提高班 A 班（26 名）和 B 班（26 名），共计 52 名学生（财经系），其中男生 24 名、女生 28 名；两个基础班 C 班（24 名）和 D 班（24 名），共计 48 名学生（水建系），其中男生 28 名、女生 20 名。这些学生都是 2012 级新生。

在 2012 年 9 月开始的这个学期里，选取两个提高班 A 班和 B 班及两个基础班 C 班和 D 班作为受试班级。入学时，所有班级的学生是由学院教务处统一进行英语水平测试（所使用的试卷是 2009 年 12 月全国高等学校英语应用能力水平测试 B 级试题），并根据成绩进行分班。从受试班级 A 班和 B 班学生入学英语水平测试的成绩中可以看出，A 班和 B 班学生的平均成绩分别是 58 分和 57 分，C 班和 D 班学生的平均成绩都为 48 分。因此，我们得知，入学时两个提高班学生的英语水平非常接近；两个基础班的情况也是如此。由于 A 班和 B 班学生都是大一新生，因此我们可以得出 4 个受试班级学生的年龄相同（或相近）的结论。根据自主学习度调查问卷，能够推断出，受试班级 A 班和 B 班的学生在诸如英语学习动机、学习态度、学习方式、学习习惯、英语自主学习度等方面的情况相同或相近；受试班级 C 班和 D 班学生在这些方面的情况也相同或相近。两组受试班级 A 班和 B 班、C 班和 D 班之间唯一的不同是在进行教学实验时所采用的教学方法，A 班和 C 班采用的教学方法是交际教学法，而 B 班和 D 班采用的是传统的语法翻译法。

因此，可以推断：学期末受试班级学生英语测试成绩的任何变化都是由教学实验中所采用的教学方法引起的，因为我们有理由推测，教学实验中可能会对实验产生影响的其他因素（比如学生的智力因素或者学习态度等）在实验中对两组受试班级学生存在影响的概率均等，因此，这些因素可以被忽略。

在学期末，再次对受试班级的学生进行英语水平测试，所使用的试卷是 2011 年 6 月全国高等学校英语应用能力水平测试 B 级试题。采集 4 个受试班级学生的实验数据，并把两组受试班级学生入学时和学期末的数据进行对比分析。

这次教学实验的目的在于研究两个变量之间的关系，即自变量受试班级的教学方法和因变量受试学生英语学习成绩之间的关系。从以上的设计及描述中我们可以看到，两组受试班级学生在许多方面都拥有相同或相似的特征（所学专业、年龄、英语语言能力、学习动机、学习态度、学习方式、学习习惯、英语自主学习度、教学时数、所学教材等方面），唯一不同的变量因素就是受试班级所采用的教学方法。因此，只要严格贯彻实施所设计的教学实验步骤，我们就可以说本次教学实验的可靠性和有效性得到了保证（如果没能严格地贯彻实施上述教学实验步骤，那么教学实验的有效性和可靠性就可能存在遭受质疑的风险，因为有些不可控的变量可能会影响其他的变量）。

（二）实验采用的工具

实验所需工具包括自主导向学习度调查表 SDLRS、学期初和学期末英语测试成绩、受试访谈。

使用这些工具是为了查看在两种教学法学习模式下学生的英语学习方式、英语自主学习度及学习成绩的变化情况，以便开展对比分析研究。

（三）实验的步骤

入学时和学期末对 4 个受试班级学生进行英语自主学习度的问卷调查，用以对比分析受试学生（两个提高班和两个基础班）在学期初和学期末英语自主学习度的变化情况；学期初和学期末对两个提高班和两个基础班学生进行了英语水平测试，并对比分析相关数据资料及学生学习的变化情况；学期末，对学生进行抽样受试访谈，以便了解学生对自己英语学习的观点和评价。

（四）实验数据收集及分析

采集学期初和学期末 4 个受试班级学生的相关教学实验数据，并对这些数据展开对比分析，以便查看受试学生英语学习方式、英语自主学习度及英语学习成绩的变化情况。教学实验中所采集的有关受试班级学生的英语自主学习度调查表、学期初和学期末英语测试成绩及学期末受试学生访谈的数据资料对实验数据的对比分析都真实有效。

（五）实验数据的讨论及结论

对实验数据资料展开多角度的对比分析和讨论，以期得出科学合理的实验结论，为实验报告的撰写及以后的教学实验和研究提供指导和借鉴。

三、分层教学实验的受试访谈及分析

学期末，对分层教学实验的受试班级学生进行英语水平测试之后，教师将对 4 个班级的受试学生进行受试访谈，以便收集受试学生对自身学习方式、英语自主学习度、英语学习成绩以及对他们所采用的教学方法的观点和评价。受试访谈是按照以下设计和步骤实施的：

实验教师从两个提高班 A 班和 B 班各自随机抽取 13 名学生，共计抽取 26 名学生进行抽样受试访谈；从基础班 C 班和 D 班各自随机抽取 12 名学生，共计 24 名学生进行抽样受试访谈。这样做，是为了保证抽样具有代表性，即从两个提高班和两个基础班的受试学生中各自抽取一半学生来进行受试访谈。所有抽样受试访谈都真实有效。

在受试访谈开始前，开展受试访谈的教师向被试学生解释本次访谈的目的，并回答学生可能会提出的问题。为了保证让受试学生对自身的英语学习及所采用的教学方法说出真实自由的观点及感受，教师须向接受访谈的学生说明这一点，即在整个访谈中，访谈的内容及资料不会被录音，教师只会以笔记的形式进行记录。教师须告知受试学生，访谈资料将仅用于评估受试学生的学习动机、学习方式及学习成绩，不会挪作他用。如果访谈资料要提供给其他人或有其他用途，则必须征得受试学生的同意。

为了鼓励受试学生讲述他的经历、观点等，进行受试访谈的教师和受试学生应该并排坐立，地点应该选择在教师的办公室。之所以这样安排，是因为师生并排坐立常常能创造一种更加富有成果的访谈氛围（并排坐立可以传递一种信息——互动是合作性的，而不是对立性的）。

在整个受试访谈过程中，实验教师将用中英文两种语言提出访谈的问题。受试学生可以用英语作答，也可以用中文作答。这样做，是为了使受试学生自由清晰地表述自己的观点和想法。学生对访谈问题的回答可以由教师归为若干类型。这样，教师随后就能够更容易地对受试学生的回答进行对比分析。

第九章 现代高职英语教学评估与教育发展新方向

高职教育中,加强英语的教育力度可以有效的提高学生的综合素质,为学生日后的发展具有重大的意义。高职英语的教育工作也在随之进行不断改进和完善,这都与科学合理的教学评估体系密不可分。本章以多元教学评估模式为主线,对高职英语教学过程当中构建多元化的教学评估体系进行了一系列的分析和描述,期待有助于促进我国高职英语教学的长远发展。

第一节 教学评估的发展与影响

一、教学评估发展的历程

教育评价可以划分为四个理论阶段:

第一阶段为"测量时期",其标志是"测量"理论的形成以及测验技术的大量实际运用,评价被简单地等同于"测量",追求的是教育客观化。

第二阶段为"描述时期",其特征是对测验结果进行"描述",并力求教育标准化。

第三阶段为"判断时期","判断"是其主要标志。评价者不仅要运用测量手段去收集各种信息,还要根据一定的价值取向评判教育,追求教育多元化。

第四阶段强调评价一种"心理建构"过程,提倡价值多元、全面参与和共同建构,力图实现教育民主化。

教育评价进入快速发展时期后受人本主义教育思潮的影响,教育评价观不断完善和发展。教育评价的主要观点有以下几个方面:一是从关注评价对象的外部行为变化到关注人的心理建构过程,重视对学生认知过程和情感过程的评价;二是从关注教育行为的改进和改善到关注人的和谐发展,把促进人的全面发展和个性发展作为评价的重要功能;三是从强调评价主体的价值判断到强调被评价者对结果的认同,认为只有取得被评价者对评价结果的认同,才能发挥评价的最大效能,因而主张评价者与被评价者应相互尊重、相互理解,并加强沟通和合作,把评价对象的自我反思作为评价的重要方式;四是强调评价的多元化。在评价活动中积极实施评价内容的多元化、评价主体的多元化、评价方式的多元化、评价过程的多元化和评价结果的多元化。

二、传统评估对高职英语专业教育的影响

我国传统的评估从形式到内容有其自身的特点,但是受时代和当时教育思想的束缚也有相当的局限性。我国高职英语专业的教育发展 10 年来基本上沿袭了我国传统的教学评估理念与实践形式,而传统的评估和英语测试形式对于高职英语这种新型的教育形式从一定程度上形成了羁绊,主要表现在以下几个方面:

(一)传统评估价值取向存在偏差

我国教学评估活动的价值取向在一定程度上受实用主义的价值观影响,使教学评估的价值取向走偏。忽视教育在培养个性、使人的潜能得到最大发展方面的价值;总是要求教育出即时的、显性的功效,忽视或者轻视教育的长期效益。受其影响,教学评估也反映出过分强调工具价值,对其教育的甄别、选拔功能格外关注。把教学评估局限于为学校教学管理服务,成为教师管理学生的主要手段。这种手段的具体体现就是"以考代评"。这种价值功能的偏颇,严重影响了教学评估积极作用的发挥,影响了学生发展的全面评价。

(二)传统评估注重知识记忆与重现

重视知识教学和知识评价是我国教学的优良传统。但是,如果知识的获得单纯靠感觉、理解和记忆,那么教学内容只会像字典的词条一样,孤立地存放在大脑中,不能内化为个人知识的一部分。反观传统的课程考试,其试题大都重视知识的记忆与重现,一般仅停留在认知的水平上,对于知识的形成过程、应用过程中的技术与方法和心理感受很少涉及,很少顾及实践与应用,不能全面地测量学生的综合素质。这种评估方式,测到的只是知识的记忆与复现能力,如果一味地采用这种方式,就会导致学生对知识学习的层次永远停留在浅层水平上,个人知识结构的形成和发展将会受到很大影响。

从知识的性质可以看出,纸笔测验或标准化考试只能测量出学生"知道"了什么,而无法测量出学生"能做"什么。为此,美国教育学家加德纳提出,如果一定要去评估学生的学习,那么应当侧重于学生解决问题或在解决问题过程中所表现出来的创造力。加德纳本人就把智力看作是个体解决实际问题的能力和生产或创造出具有社会价值的有效产品的能力。因此,问题解决要求学生执行或制作一些需要高层次思维或问题解决技

能的事物。这样，评估的重点就由知识性的内容转变到解决问题的过程或结果上，这一评估取向可以让教师了解学生对问题的理解程度、投入程度、解决问题的技能、自我表达的能力，能较完整地反映学生的学习结果等。这些才是真实评估的核心思想。

（三）传统评估主体、标准、方法和过程单一

评估主体单一，忽视了被评估者的主体作用，基本上没有形成学生、教师、管理者、家长等多主体共同积极参与、交互作用的评估模式，忽视了评估主体多元、多向的价值，尤其忽视了自我评估的价值。教师是评估的执行者，学生是评估的被动接受者，在评估中，把考试作为唯一的评估手段，过分注重分数、注重等级、注重量化。在考试这一唯一的评估过程中，强调相对评估，注重学生之间的比较，淡化绝对评价和个体内差异性评价，使学生心理产生巨大的压力，影响学生的成长。对学生发展过程评估的方式不够重视，没有根据评估的目的、性质、对象不同，选择相应的评估方法，评估方法的多元化格局未形成。

评估标准单一，过于强调共性和一般趋势，忽略了学生的个性发展和个体间的差异性。过于注重学业成绩，忽视了学生的全面素质和个别差异。现行的教育评估把教育评价的价值定位在甄别功能上，与之相应的教育评价内容主要是智育，注重知识和技能，其标准是单一的。这种单一标准忽视了学生的学习能力、研究能力、学习态度与习惯、自我评估能力和社会能力的培养。

评估只关注结果，不关注过程。主要评估学生的学习结果，而基本上不关注学生的学习过程。应试型教育是重结果，带来的后果是学生只关注做题和期末测试，不注意专业知识的构建与应用，不注意专业业务技能和能力的培养，不注意职业意识的养成。学习质量和学习效果以及职业素质的获得取决于学习过程。因此，高职院校一定要遵照教学和学习的规律，积极开展形成性评价，关注学生学习的过程，强化过程评估和动态评估，以实现高职英语专业教育的培养目标。

（四）传统高职英语语言考试存在弊端

多年来，我国高职院校英语教学取得了巨大的成绩，但也要看到其中存在的诸多问题。其中，为各方所认可的一个普遍性的问题是"费时较多，收效较低"。牛强在分析我国高校英语考试模式时说："抛开课本讲习题集，放弃教学搞应试，不看能力看通过率，不为教育为名利的高校英语考试模式已经成为我国英语教学改革的严重障碍。"

目前，我国高职院校英语教学中存在的主要问题是把教学安排和考试评估过多地倾注在认知领域中那些容易用纸笔测验的简单知识技能上，过多地考虑测验的可信度而把考试设计导向于零碎的知识、标准的答案、宽泛的覆盖面和名不副实的区分度等方面。

对于认知领域中高级心智技能,如研究技能、交际技能、听说技能、写作技能、辩论技能、表演技能、信息技能、交流技能等方面的能力却没有给予足够的重视。一般的英语测试无法直接反映学生的能力,尤其是说和写的能力,而且院校目前所采用的常规英语测试的语言取样与生活中真实的语言相去甚远,不能够体现英语语言的真实性和实用性。

作为英语教育工作者,有责任、有义务就我国高职院校的英语教学进行深刻反思。要开阔视野和思维,激励高职院校教师去探索适合中国高职院校英语教学改革的多元化评估思路与实践模式。顺应时代潮流,借鉴国际上先进的经验,实施多元化教学评估,是我国高职院校英语课程评估的发展方向,也是高职院校英语教师和管理人员努力的方向。实施多元化评估,必将有助于我国高职院校英语教育开创新辉煌。

第二节 高职英语专业动态多元化教学评估体系的构建

根据国际上应用语言学和高等职业教育的研究成果,并结合高职英语专业与课程的特点,应积极制定课程评估标准并开展多元化的教学评估实践。在所有的专业课程中采取多标准、多目标、多内容、多形式、多方法、多主体、多过程的多元化评估方式,评估的主要目的在于对学生在教学过程中所获得的语言交际能力、专业业务技能与能力、方法能力和社会能力进行评估,促进和激励学生持续学习,保证学生的就业和可持续发展需要。

一、高职英语专业多元化教学评估的理论基础

高职英语专业多元化教学评估体系的理论基础主要包括多元智力理论、建构主义理论、后现代主义理论、英语应用语言学理论、国际职教职业能力理论。具体如下:

(一)多元智力理论

长期以来,人们对于智力的理解仅限于智商理论和皮亚杰的认知发展理论。这种传统的智力理论认为智力是以语言能力和数理逻辑能力为核心的、以整合的方式存在的一种能力。随着人们对智力认识的不断深入,美国哈佛大学教授、发展心理学家加德纳于20世纪90年代提出了多元智力理论。加德纳认为每个学生都有发展的潜力,只是表现的领域不同而已。这就需要教师在以促进学生发展为终极关怀的参照下,从不同的视角、不同的层面去看待每一个学生。教师评估学生再也不能以传统的课程考试成绩与能力作为唯一的标准与尺度。

（二）建构主义理论

教学绝不是教师给学生灌输知识、技能，而是学生通过驱动自己学习的动力机制积极主动地建构知识的过程；课堂中心应该在于学生而不在于教师，教师在课堂教学中应该是引导者、促进者和帮助者。教学评估也要体现学生的主体性，体现知识建构和使用的过程，体现学生知识的建构和应用能力。

（三）后现代主义理论

在后现代主义者看来，这个世界是开放的、多元的。在这个以创新为时代精神的社会中，科学技术日新月异，各种新鲜事物层出不穷，创新已经成为社会、个人发展的动力源。后现代主义以其兼容并蓄的宽容态度和尊重个性及主体性的宽广的胸怀给生活在这个世界中的每个人都开放了生命的空间。后现代主义注重过程的思想、目的与手段统一的观点均认为个体是在活动的过程中得以不断的发展。后现代主义给课堂教学评估提供的新视野是：教学不应该把学习者视为单纯的知识接受者，而应将学生看作是知识的探索者和发现者。因此，课堂教学不仅要注重结果，更要注重过程。再从教学本体论的观点来看，活动是教学发生的基础。基于师生共同活动之上的课堂教学评价对学习者来说，其功能在于在促进学生充分发挥主体能动性，积极地参与教育教学活动的基础上，促进下一步教学活动的有效开展。所以，课堂教学评估的目的在于激励和促进教学，而不是选择和判断。

（四）英语应用语言学理论

刘润清认为语言的使用是一个动态的过程，各种知识、技能和心理过程交织在一起，相互影响、相互作用。Bachman认为语言交际能力由语言能力、策略能力和心理生理机制三部分组成。在这三个组成部分中，语言能力由一系列的具体的语言知识组成；策略能力指在具体的语言交际中，运用各种语言知识的心理能力，它是语言能力通向现实世界的桥梁，是将语言知识运用于交际目的的手段；心理生理机制则指把语言交际看作一种物理现象（如声音、光等），运用语言交际时所牵涉的神经和心理过程。

英语交际能力的多维性要求教师在评估高职英语专业学生的英语应用和交际能力时，要采取多元化的评估策略和方法，才能对学生所获得的交际能力给予客观的评判。

（五）国际职教职业能力理论

科技的进步和经济全球化的发展趋势要求高等职业教育从狭窄的职业技能教育转向综合素质教育，重新审视能力观。按照现代职业教育的观点，职业能力亦称为关键能力、职业活动能力或从业能力等，其由三大部分组成，即专业能力、方法能力和社会能力。其中，方法能力和社会能力与特定的、专门的职业技能知识无直接联系，是一种可迁移的跨岗位、跨职业的工作能力。专业能力作为基本的生存能力，在强调专业的应用性和针对性的同时，还应包括对新技术的接受和理解力、职业的适应能力、质量意识、经济观念等职业能力。方法能力指人们收集信息、独立学习、解决问题、制订计划、决策、质量控制和管理等方面的能力。方法能力要求科学的思维模式，是人的基本发展能力，是劳动者在职业生涯中不断进取的重要手段，也是职业教育培养创新精神和创业教育的具体表现。社会能力指人们与他人交往、合作、共同生活和工作的能力，包括工作中的人际交流、劳动组织能力、群体意识和社会责任心等，强调积极的人生态度、对社会的适应性和行为的规范性，也是培养受教育者情商的重要手段。

英国的职业教育的评估体系认为职业能力是一个复杂的概念，它有着多种维度，仅仅对学生进行纸笔测验或者考查学生的部分操作水平是不能充分证明学生实际能力的。能力大多隐藏在多种外部表现的背后，故必须由不同的评估人员参照对应的评估标准，利用多种途径和方法，在不同时段对学习者或学生进行多次观察、评估与测试分析，才可能对职业能力进行多维度的准确评价。

二、高职英语专业多元化教学评估体系的特色

（一）多元化教学评估体系具有科学性和先进性

高职英语专业课程教学评估体系的构建与实践基于现代应用语言学与高等职业教育的科学研究和国际上先进国家的教学实践，因而具有科学性和先进性。多元化教学评估已经成为各国教学评价的发展方向，成为评估教学质量和学生水平的重要策略。英国职业教育和美国的多元化教学评估强调评价内容与方式、方法的多元化、评估参与者的多元化、评估目标与标准的多元化，其实质是全面、真实地评价学生的潜能和学业成就，以提供教学改进的信息，促进学生的全面发展。英国、美国等世界上不同国家多年的教学实践表明：多元化的教学评估切实可行，并将成为未来教学评估的主要方式。

（二）多元化教学评估体系具有独创性和实用性

英语专业课程教学评估体系的构建与实践借鉴了英国职业教育中 NVQ 和 CNVQ 职业资格证书评估体系的先进思想和理念，以我国高职英语专业课程的教学体系为基础，并结合我国高职教育的特点和学生的实际设计出具有国际水平和中国特色的高职英语专业教学评估体系。该体系将评估标准与评估要求融入教学，将教师、学生、社会专业人员、能力认证与评估机构融入评估体系，在我国高职英语专业课程教学中独树一帜，具有独创性和示范性。该体系以学生为中心，注重人性化和个别化教学，注重学生专业知识、专业技能、专业综合应用能力和学生可持续发展能力的培养，注重学生的职业意识、

社会意识和国际意识的培养，能够将专业知识与技能的习得与社会需求和学生的未来发展紧密结合，使学生能够做到所学即所用，因此具有极强的实用性。

（三）多元化教学评估体系具有规范性和透明性

高职英语专业课程教学多元化评估体系根据专业培养目标、专业能力构成以及课程教学大纲，参照英国国家职业资格证书系统和英国通用国家职业资格证书系统中详细具体的能力评估标准，对每一课程模块的能力标准做出了说明。该标准是教学双方的规范性教学文件，是教学的指导方针和教学目标。学生要达到评估目标，须出示相关的能力评估证据，以展示专业知识、技能和能力。评估标准的制定使得学生和评估人员在准备评估和进行评估时有"法"可依，使评估由传统上对抽象知识的考核、考试变成了看得见、摸得着而且易于操作的互动过程。由于能力标准已先予以明确，因此，学生和任课教师及评估人员都事先了解要评估什么、应达到什么标准，这样就增加了评估工作的透明度，也增强了评估工作的公平性、公正性和可操作性。

（四）多元化教学评估体系具有连续性和系统性

高职英语专业课程教学评估具有连续性、系统性的特点，学生学习与工作能力的评估或者评估证据的累积都是在连续的评估过程中进行的。这种连续的过程评估属于形成性评价，强调在一定的期限内连续地收集不同的证据以判断被评价者的能力。该连续的评价形式为评估人员、教师和学生提供有关学习者学习连续成功与失败的反馈信息，便于教师、评估人员和学生发现问题，纠正失误，强化成功，便于激励学生保持持续学习的积极性，保持学生持久的学习兴趣。该评估体系涵盖高职英语专业课程中英语语言类、专业类和综合技能类的所有课程，每门课程又根据单元内容制定了相应的符合教学特点的评估标准，所有的任课教师必须接受多元化教育评估思想、评估标准、评估方式与方法方面的培训，在此基础上灵活地运用多元化评估开展教学。可以说，该评估已经形成了一个完整的体系。

高职英语专业的培养目标决定了高职院校必须培养具有多维职业能力的复合应用型专业人才。我国高等职业教育的目标是培养具有专业能力、方法能力和社会能力的高等职业技术人才，提高民族的竞争力。因此，必须针对不同的职业能力开展有针对性的、有激励性的、行之有效的评估策略，积极开展多元化课程评估，以有效地促进学生的学习、实践和创新发展，保持学生的学习兴趣和学习动力，提高学生的英语交际能力、专业业务能力、学习研究能力、团队合作能力、社会活动能力等可持续发展能力，保障学生实现就业和人生发展的双重目标，培养成功的高等职业技术人才。

第三节 高职英语专业教学体系的创新

高职英语专业教学体系的创新与发展要以国际上先进的职教理念和英语语言学以及建构主义教育理论做指导,遵照"教学与评估一体化,专业与英语一体化,理论与实践一体化"的教学策略,通过专业化的评估教师、学生和社会专家,借用独创的、具有中国特色的、评估特色鲜明的立体化双语语言、专业与实践教材,积极开展多元化的学生职业能力评估——评估标准多元化、评估目标多元化、评估主体多元化、评估内容多元化、评估方式方法多元化、评估时段多元化,并以评估为核心全面改革和创新教学方式与方法,促进学生的专业能力、方法能力、社会能力全面提高,满足高职教育培养生产、服务和管理第一线的复合型可持续发展的专业人才的培养需要。

一、高职英语专业创新型教学体系的流程

要想取得高职英语专业教学体系的创新,必须以改变教学评估体系为出发点,改变教学的流程,全面激活教学的各种要素,以全新的理念带动整个高职英语教学体系的改革与发展。根据应用语言学和现代教育的研究成果,以教学评估的多元化为主线,对高职英语专业教育的各种教学元素进行优化和组合,实施流程再造。

高职英语专业创新型教学体系的流程主要包括五个步骤。第一步,邀请社会上行业协会专家、专业管理委员会成员和专业教师根据社会岗位的能力需求和学生将来发展的需要确定课程的能力目标,然后专业教师根据专家和专业管理委员会的建议,将课程能力目标分解为单元能力要素和标准,并将单元能力标准作为学生形成性评估和期末评估的评估目标。第二步,专业教师和社会兼职教师团队依据课程能力目标对学生进行预评估,在分析预评估结果的基础上确定适合学生学习的能力评估项目。第三步,教师和学生合作将能力评估项目细分为学习任务或学习项目,分别在课内组织教学和训练或者在课外开展项目的调研与实践。在学习或调研实践的过程中,学生需要单独或与团队一起展示自己获得的能力,同时积累和整理能够表现自己学习构建或职业能力的各种形式的评估证据。第四步,在收集到充分、有效的能力证据的基础上,学生对照评估标准开展自评;在学生团队开展活动的过程中或结束时,学生之间可以开展互评;在学生开展活动时,教师或社会专家可以观察学生的"工作表现"对学生进行实作评估;最后教师、社会专家和学生共同或分别就学生的能力证据进行评判,给出分数或评语。第五步,教

师与社会专家组成的团队对学生所获的英语与专业知识、英语交际能力、专业业务能力等进行综合性的考试或评估。这种考试也包括国际性和全国性的英语能力考试、职业资格考试。在综合性考试和过程评估结果的基础上，由专业教师对学生的职业能力、职业意识和工作态度等进行总结和反馈，主要是肯定学生的成绩，为学生继续深入学习指明方向。

二、高职英语专业创新型教学体系的教育意义

由上文所述可以看出，多元教学评估给高职英语专业的教学带来了深刻的变化，其中蕴含着丰富的教育意义与启示。

（一）实施多元教学评估，促使教学向"多维目标"转化

传统的课堂教学目标主要是专业知识的传授。在高职英语专业的创新教学体系中教学目标表现为多维性，主要包括英语和专业知识、英语交际能力、专业业务能力、过程与方法能力、社会能力、情感与态度、职业意识与操守等。知识与专业能力是将来学生就业所必需的"基本工具"。但是只有单一的知识与技能并非人的生命发展的全部，并不足以支持人生的可持续发展。人的生命发展中最有意义的是健康的心理品质、良好的个性和健全的人格，这些都需要学生经过学习和人生的历程，以及与他人情感的交流和态度的培养。只有把知识、技能、能力、过程、方法、情感、意识结合起来，才会使教学活动充满生机和活力，才会使学生在探求新知的过程中经历学习、生存、发展、创新的心路历程，从而培养学生创新的职业能力和优良的职业修养，为学生将来就业和人生发展奠定坚实的基础。

（二）教学与评估完全融合，实现教学与评估的一体化

评估是教学过程中的重要组成部分和不可缺少的环节。在布卢姆等人提出的教学评估三阶段论理论中，评估与教学是密不可分的，提示人们要把具体的评估实践运用于整个教学过程。目前，在教学前、教学中、教学后分别进行诊断性评估、形成性评估和总结性评估的思想已经应用于创新性高职英语专业教学体系中。多元化教学评估的理念与实践已经贯穿创新型教学体系的始终。

"教学与评估的一体化"一方面，是使教学评估促进教学目标更加明确、具体并具有可操作性；另一方面，是使教学和评估有机地融合于教学活动之中，还可以对教师的教和学生的学形成规范、形成制度并形成激励，促使学生保持旺盛的学习积极性，促进教学效率的提高。

（三）改变学生的学习方式，实现教学方式的根本改变

在创新型教学体系中，学生成为教学的主体和评估的主体，教学也表现为沟通与合作的活动，师生互动、生生互动、课内外的互动、学校与社会的互动成为教学的主要形式，教学变成了集约化、高密度和多元结构的沟通活动。在这种学习氛围中，学生更容易迸发出积极性和进取性，更容易促进学生情感的成熟以及社会能力的培养。课堂教学是活动建构和认知形成的过程，沟通与合作是实现这种活动建构的重要形式。有了这种多维互动，有了情感的交流，加上学生自主学习活动的开展，学生的学习能力、方法能力和社会能力会有更大的提高，学生的学习方式和教师的教学方式也会发生根本的转变。

第四节 协同创新的含义及其重要意义

一、协同创新

有关协同创新的重要论述对我国深入实施科教兴国战略、建设创新型国家、提升人才培养水平、增强科学研究能力、服务经济社会发展、推进文化传承，具有极为重要的指导意义，也为高职教育指明了新的发展方向。协同创新在高职教育中的反映是协同育人这一核心理念。为此，高职院校要大胆尝试，以社会需求为导向，把学生培养成社会经济发展的积极参与者和推动者。

《辞海》对"协同"的解释：协调一致，团结统一；协助、会同；互相配合。《新华词典》对"协同"的解释是各方互相配合或一方协助另一方做某件事。管理学中的"协同"是指两个或者两个以上的不同资源或者个体，协同一致地完成某一目标的过程或能力。协同并不是新生事物，它是随人类社会的出现而出现，并随着人类社会的进步而发展的。自然界和人类社会的各种事物普遍存在有序、无序的现象，在一定的条件下，有序和无序之间会相互转化。

二、协同创新的重要意义

20世纪70年代，德国斯图加特大学教授、著名物理学家哈肯，在多学科研究的基础上创立了协同论。协同论主要研究远离平衡状态的开放系统在与外界有物质或能量交换的情况下，如何通过自己的内部协同作用，自发地出现时间、空间和功能上的有序结构。协同论以现代科学的最新成果——系统论、信息论、控制论、突变论等为基础，吸

取了结构耗散理论的大量营养，采用统计学和动力学相结合的方法，通过对不同领域的分析，提出了多维空间理论，建立了一整套数学模型和处理方案，在微观到宏观的过渡上，描述了各种系统和现象中从无序到有序转变的共同规律。随后管理研究者将这一思想应用到企业新产品的开发领域，并扩展至价值链上下游企业、互补企业甚至竞争企业在产品设计、制造和销售的资源共享及协作运营。

当今世界，协同创新越来越成为科技创新活动最为鲜明的特征，随着经济全球化和科学技术的迅猛发展，各类创新主体异常活跃，各种创新要素加速流动。国内外协同创新较为成功的案例，有我国北京的"中关村协同创新计划"，美国硅谷产学研的"联合创新网络"，北卡罗来纳州的三角科技园，芬兰、爱尔兰、瑞典等国的协同创新网络联盟，日本、韩国的技术研究组合和官产学研结合，等等。由此可见，协同创新是我国顺应世界新科技革命和产业变革潮流，大幅提升自主创新能力的迫切需要，是加快创新驱动发展的战略举措。而推进协同创新计划是以"国家急需、世界一流"为根本出发点，以协同创新项目为载体，以人才、学科、科研"三位一体"创新能力的提升为核心任务，以"组织管理、人事制度、人才培养、人员考评、科研模式、资源配置方式、国际合作、创新文化建设"八项体制机制改革为重点，积极构建"面向科学前沿、行业产业、区域发展以及文化传承创新重大需求"的四类协同创新模式，充分体现了其组织与管理创新的本质要义和改革开放的内在要求及鲜明特征，具有十分重大的现实意义。

第五节　高职教育与协同创新

一、高职教育

为了大力促进包括高职教育在内的高等院校的协同创新，教育部、财政部自2012年实施了"高等学校创新能力提升计划"（简称"2011计划"），旨在建立一批"2011协同创新中心"，大力推进高校与高校、科研院所、行业企业、地方政府以及国外科研机构的深度合作，探索适于不同需求的协同创新模式，营造有利于协同创新的环境和氛围。

根据教育部"2011计划"重大需求的划分，协同创新中心分为面向科学前沿、面向文化传承创新重大需求、面向行业产业和面向区域发展四种类型。面向科学前沿的协同创新中心，以自然科学为主体，以世界一流为目标，通过高校与高校、科研院所以及国际知名学术机构的强强联合，成为代表我国本领域科学研究和人才培养水平与能力的学术高地。面向文化传承创新重大需求的协同创新中心，以哲学社会科学为主体，通过高校与高校、科研院所、政府部门、行业产业以及国际学术机构的强强联合，成为提升国家文化软实力、增强中华文化国际影响力的主阵营。面向行业产业的协同创新中心，以工程技术学科为主体，以培育战略新兴产业和改造传统产业为重点，通过高校与高校、科研院所，特别是与大型骨干企业的强强联合，成为支撑我国行业产业发展的核心共性技术研发和转移的重要基地。面向区域发展的协同创新中心，以地方政府为主导，以切实服务区域经济和社会发展为重点，通过推动省内外高校与当地支柱产业中重点企业或产业化基地的深度融合，成为促进区域创新发展的引领阵地。

实施"2011计划"，不仅是继国家实施"211工程""985工程"之后我国高等教育的又一重要国家战略，也是我国高等教育发展史上一个新的分界点和里程碑。协同创新战略适应了产业升级和社会发展的要求，顺应了当前科学技术发展的趋势，有利于纠正当前高等教育体制的弊端。"2011计划"突破了现有"985工程""211工程"学校的身份限制，面向各类高校开放，不限定身份，不固化单位，为高职院校提供了一个与普通高校平等竞争的机会和平台，为高职院校开放办学提供了新的机遇和改革保障。

高职院校实施协同创新计划，进一步理顺学校的组织架构和创新内部管理的体制机制，聚合政府、学校、行业、企业、科研院所的资源，对学校的内涵发展、创新发展、转型发展和国际化发展，培养"德业并进、学思并举、脑手并用"的高素质高技能人才，拓展国际教育交流合作，探索高职、本科及以上层次应用性技术教育，争创开放式、创新型、国际化的中国乃至世界一流的应用型技术大学具有十分重大的意义。

高职教育担负着为生产、经营、管理和服务第一线培养高层次技能型应用人才的使命，具有职业性、直接性、实践性和灵活性等特点，这就使高职院校的人才培养更多地融入了产业、行业、企业等社会需求要素，强调教育教学活动与生产实践、社会服务、技术推广及技术开发的紧密结合，从而在协同创新方面更多地具备了"实践性"和"应用性"的优势，能够直接服务于行业、企业以及地方经济发展。高职院校应当贯彻落实"2011计划"和"以体制机制改革引领协同创新，以协同创新引领高等学校创新能力的全面提升"的主体要求，以"政校行企四方联动，产学研用立体推进"办学思想为根本出发点，坚持"需求导向、全面开放、深度融合、创新引领"，瞄准科技前沿，面向国家战略和区域发展重大需求，以人才培养模式改革为核心，启动从资源深度共享、项目深度合作，到建立协同创新战略联盟的体制机制改革，通过政策和项目引导，把教育教学、科技创新、生产转化和社会服务有机地结合在一起，积极开展不同层面、不同类型、不同形式的协同创新。高职教育领域的协同创新一方面要加强与相关行业、产业的合作，培育战略新兴产业和提升传统产业，支撑行业产业发展的技术研发和转移；另一方面要面向区域发展，以服务区域经济和社会发展为重点，通过与当地支柱产业中的重点企业或产业研发基地深度融合，促进区域创新发展。

二、高职教育与协同创新

为深入实施协同创新战略，高职院校可通过"文化育人、复合育人、协同育人"的途径，对高职教育进行系统改革，全面推进复合式创新型高素质高技能人才培养的改革。

文化这一概念的意义很广泛，给它下一个严格和精确的定义非常困难。一般认为，文化是一种社会现象，是人们长期创造形成的产物，又是一种历史现象，是社会历史的积淀物。所以，文化涵盖一个国家或民族的历史、地理、风土人情、传统风俗、生活方式、文学艺术、行为规范、思维方式、价值观念等。文化如何得以实现其教育功能呢？一是因其核心内涵是价值观，能影响人生的坐标取向；二是因其具有激励作用，能振奋精神；三是因其具有约束同化功能，能产生内聚力；四是因其作用方式的潜在性，发挥春风化雨、润物无声的陶冶功能，最终达到"蓬生麻中，不扶而直""入芝兰之室，久而不闻其香"的潜移默化的育人效果。高职院校文化是一种教育文化，高职院校文化的宗旨是育人。"文化育人"，不仅是传统意义上的文化熏陶，更是一个育人过程、文化过程，是"文化化人"。"化"既是手段，又是目的。教书育人、管理育人、服务育人、环境育人，最终大体都可归为文化育人。学生正是在所处的文化环境中通过积极主动的思维和感悟而"学知""学做""学会共同生活""学会做人"，进而实现全面发展。

高职教育要积极发挥"文化育人"的作用，加强社会主义核心价值观体系的建设，并从传统文化中获取有利于建设社会主义核心价值观的思想资源，培养高职学生具备"以天下为己任"的奉献精神，"为天地立心，为生民立命，为往圣继绝学，为万世开太平"的抱负，并为实现这个目标而自强不息。文化的交流和文明的对话，无疑是今后高等学校不可推卸的责任。高职院校要积极开展对外文化交流，教育高职学生懂得运用鲁迅先生的"拿来主义"，把其他民族文化中优秀的东西都"拿来"为我所用；提倡"送去主义"，把我国的优秀文化主动地"送给"其他民族，让优秀的中华文化在世界上发扬光大，使人类社会成为和谐共存的世界。过窄的专门技能教育已不适应经济社会快速发展的需要，职业教育必须为学生的可持续发展打下坚实的基础。高职院校还要围绕职业文化素质，着重培养学生的职业精神、职业道德和综合素质，使学生乐业、敬业，并外化为工作中的尽心尽责、精益求精、忠于职守、廉洁奉公等品质。

高职院校要走"复合育人"之路，转变教育教学观念，以学生为根本，以社会需求为导向，积极应对产业转型升级和人的可持续发展对技能型人才培养的新要求，以政校行企四方联动、产学研用立体推进为指导，以复合专业、复合课程、复合能力、复合证书为重点，变革教学运行机制，优化专业素养和能力结构，强化学生自主学习，创设复合式创新型高素质、高技能人才培养新模式，树立新的能力观，构建适应产业转型升级和人的可持续发展要求的能力结构，注重专业能力、职业变迁能力、社会普适能力和创业创新能力的复合互补。摒弃学生能力单一的培养方式和培养模式，主干专业注重培养学生的核心专业能力，拓展专业注重培养学生一定的职业变迁能力，各类复合性课程设置等注重培养学生的社会普适能力和创业创新能力。

复合课程设置是培养复合式创新型人才的重要途径。一是专业课程与通识课程的复合互补，在培养学生具有较强的专业能力的同时，确定通识课程的必修要求，注重培养不同职业普遍需要的一般技能和文化与职业素养，如表达与交际沟通等方面的课程。二是文科课程与理工课程的复合互补，文科类专业必修一定的理工类课程，理工类专业必修一定的文科类课程。三是专业课程与创新创业课程的复合互补，为学生提供必要的创新创业学习平台。四是常规课程与网络课程的复合互补，系统开发和利用网络课程资源，大力推行网络教学、在线学习。五是校内课程与企业（行业）课程的复合互补，注重与企业行业的课程合作，企业行业所开相关课程、培训认证等可纳入课程设置体系。六是课程学分与技能大赛、发明创新成果等的学分置换与替代。

高职教育的"协同创新"要通过"复合育人"，培养大批具有创新意识和创新能力的复合型人才。这类人才一方面具有较强的创新精神，理论基础扎实、知识面宽广；另一方面能在实践中熟练掌握社会生产或社会活动一线的具有两个或两个以上基础知识和基本技能。高职教育的"复合育人"在突出"应用"特征的同时，还要突出"复合"特征。高等职业教育必须具备与高等教育层次相适应的基本知识、基本理论和基本技能，掌握与专业相适应的新知识、新技术和新工艺，具有较强的实践动手能力和分析解决生产实际问题的能力，体现职业知识和职业能力的综合素质。高等职业教育的专业课程结构应努力实现综合化和模块化，使学生能够跨学科地掌握较宽的知识面，将相关的学科适当综合，既能发挥学科课程的特点，又能克服原有学科分类的弊端。专业课教学内容改革的关键是与生产实际相联系，及时反映最新技术的发展；要注意从应用的角度选择教学内容，强调针对性、实用性和先进性；强调课程的综合化，努力实现课程内容、理论与实践、传统技术与高新技术在专业教学中的结合。要按照因材施教和个性发展的原则，设置一定比例的选修课。要建立科学、系统、开放的实践教学体系，使技能训练与职业资格证书相结合、专业能力中传统技术与现代高新技术应用能力相结合、课内学习与课外研究相结合、校内与校外产学研相结合，使学生具有较强的解决实际问题的能力。通过对知识、能力、素质等的全面培养，突出专业核心就业能力和专业拓展能力、综合素质等，体现复合式创新型的培养特点。基于本专业职业领域的岗位或岗位群，结合复合型人才的特点，就业岗位可以范围更大。要通过"主干专业""拓展专业"的方式培养复合型、创新型、高素质、高技能人才。主干专业课程旨在调动学生自主学习的积极性，加强主干专业核心能力的培养，提升学生的职业变迁和可持续发展能力。拓展专业课程旨在拓展学生专业领域，满足复合式创新型高素质、高技能人才培养要求。拓展专业课程可从"院内限定"为主逐步过渡到"院际限定""校内任选"。

高职教育"协同创新"还应通过"协同育人"来实施。"协同育人"是协同创新概念体系中的核心概念之一，指在政府主导作用下，学校、企业、行业、中介机构、科研机构，在系统内共享资源，实现人才培养与知识增值的目的。要改革人才培养体制，探索创新人才培养模式，搭建高职院校与企业、行业、中介机构和科研院所深度合作的战略平台和沟通桥梁，教育跨学科、跨领域、跨系统的教学科研团队，实现强强联合、资源共享，推动人才培养水平和创新能力的提升。要按照"加强统筹、试点引领、重点突破、全面推进"的原则，以培养创新人才为目标，以提高学生的科研实践能力为重点，努力实现高水平科学研究与高质量人才培养的相互支撑。"协同创新"的各方要树立开放合作、融合发展的理念，着力打破体制机制壁垒，在培养目标、教学保障、资源共享、管理运行等方面建立协同机制。高职院校学生要向优秀科学家、企业家学习，树立科学求实的精神，为实现中华民族的伟大复兴而努力成长为社会主义现代化建设的栋梁之材。

第六节　高职英语教育与协同创新

一、高职英语教育的发展方向

就高职英语教育而言，协同创新是发展的新方向。传统英语人才培养计划所培养的学生，由于只具备单一的英语技能，已经不能满足当今社会用人单位的需要，英语专业学生在用人单位的优势逐渐减弱。因此，高职院校必须通过协同创新，推进"文化育人、复合育人、协同育人"的"三育人"系统改革。

高职英语教育学科本身所特有的跨文化性和交际性特征，在文化育人方面起着重要作用。在高职英语教学中，要把单一机械的语言教学转变成丰富而有创造性的文化熏陶；

要体现学科本身所具有的文化育人功能，注重培养学生的文化交流意识和跨文化交流能力；要加强学生的自我文化意识，继承并发扬本国的优秀传统文化。这正是高职英语教学文化育人功能的本质体现。

　　培养"跨文化"能力外语教学不仅是单纯的语言交际能力的培养，更是对人们思维方式的拓展、价值观念的重组和人格结构重塑的过程。高职英语教师要加强"文化育人"的观念，充实文化教学内容。涉猎涵盖儒、释、道、民俗、节庆、饮食、礼仪、服饰、诗歌、小说、戏曲、汉字、书画等，这些也是高职英语教育"文化育人"的重要方面。因此，在高职英语教育中，要增强对中国优秀传统文化内涵的理解，用英语开设中国文化导论课程，防止学生出现"中国文化失语症"。要根据学校课程设置和学生实际情况，促进学生从国学精典的导读课程入手，为学生积极推荐导读书目，如儒家文化有杨伯峻的《论语译注》、道家文化有陈鼓应的《老子注译及评价》等，这些都是学习国学的经典书目，由浅及深，增强学生对中国传统文化的了解。高职院校还可以组织一些体现中国传统文化内涵的文化活动，如中国传统文化读书心得交流会、书法大赛、武术表演、古诗词朗诵比赛等，增强学生学习中国传统文化的兴趣，加深对中国传统文化内涵的理解。在高职英语教学过程中，应使学生充分掌握文化背景知识，具备文化能力，提升跨文化交际能力。要注重对外交流与合作，加强学习外国文化与风俗，通过文化对比，发掘文化差异和文化冲突的根源，总结规律。

　　在教学手法上，要充分利用各种现代化教学手段，发挥现代教育技术在传授文化背景知识中的作用，加强多媒体网络在外语教学中的应用，利用网站和媒体，多途径、多层次地进行语言文化教学，使学生在真实、自然、生动的环境中学习和领会文化差异。要开展丰富多彩的课堂活动，如对国内外的焦点话题进行讨论、对文化焦点进行剖析等，帮助学生认识文化交流中的多种障碍，如文化偏见障碍、文化禁忌障碍及文化环境的约束等，提升学生的文化敏感度。

　　高职院校可以开设中西文化比较、跨文化交际、英国文化、美国文化等一系列语言文化类课程。有条件的高职院校还可以开设德语、法语、日语及俄语等小语种的语言文化类选修课程，让教师不定期地向全校学生做外国文化的报告等来开阔学生的文化视野，帮助学生了解国外文化和历史，提升学生对国外优秀文化的认知，丰富学生课余文化生活，并营造国际化氛围，提高学校国际化水平，加深学生对异国文化的了解，增进情感体验和文化交流。

　　要发挥课堂教学主渠道作用，以职业理念推进文化育人。把职业教育贯穿日常教学中，从专业思想、职业责任、职业规范以及工作态度等方面，对学生进行职业道德熏陶，开展人生观与价值观教育。大力加强高职英语跨文化教学和高职学生在不同文化背景下的沟通能力。进一步整合和开发文化素质教育课程模块，开设丰富多样的特色文化课程。比如开设国际商务文化英语、历史与文化视角中的英文电影、英语国家社会与文化、会展英语等文化类课程，将职业文化教育渗透到课堂教学环节，强化专业知识和技能与职业精神的联系，融合凝练高职教育职业文化，从而进一步提升学生的职业素养。

二、高职英语教育与协同创新

高职英语教育界要以哲学社会科学为主体，通过高校与高校、科研院所、政府部门、行业产业以及国际学术机构的强强联合，引进国内外比较文化研究专家，组建中外文化比较研究中心，专注于全球化背景下的中外文化对比研究以及高职文化素质教育研究等方向，集中精力，在较短的时间内取得一些标志性的研究成果，提升国家文化软实力，增强中华文化的国际影响力。

以复合式创新型高素质、高技能人才培养为目标，确立专业知识和文化素质相互渗透的文化育人理念。从课程建设、教学内容、毕业论文设计、教学手段更新、教学效果评估等方面加大教学管理和学生教育管理的改革与创新力度，把知识和文化统一起来，努力培养跨文化精英。可以通过学校任选拓展专业、院际绑定拓展专业、院内拓展专业课程来培养复合式创新型高素质、高技能人才。要进一步探索职场英语教学，通过"英语+拓展专业"的复合模式，如"英语+国际贸易专业""英语+经济管理""英语+商务文秘专业""英语+艺术设计专业""英语+医疗电子""英语+护理专业""英语+旅游专业"等复合专业的模式，开展"复合育人"，培养高职英语人才。这种复合型人才除具备良好的英语应用能力外，还要懂另一门专业，并具备相关专业的实际工作能力，提升就业优势。

高职院校要把英语教学、专业教学和职业素质培养结合起来，把学生从过去应试型的分级考试中解放出来，把纯粹看考试分数的大学英语教学改造成符合职业教育理念的应用型职业英语教育。改革的实施包括制定新的教学目标、设置课程、创新教学模式与评估方式，以"打好语言基础，提高应用能力，联系工作岗位，反映职业发展"为教学目标，将课程体系分为基础英语、职场英语、行业英语和专业英语四个阶段。同时，在教学模式、评估体系等方面也进行改革与创新。教学模式采用大班、小班交替上课，中教、外教合作授课，以教师为主导、学生为主体的"双主"教学。为全面考核改革效果，可采取形成性评价和终结性评价相结合的多元评价方式，尝试工作流程为导向的行业英语教学，针对各阶段教学建立公共英语证书体系。

高职英语的协同创新可通过成立"产学研用指导委员会",开展以任务为中心的"工作室"实践教学模式,进行专门的技能训练。例如建立商务英语翻译工作室,指导教师给工作室布置相关的阅读资料、翻译作业、口语场景练习资料,设计实务模拟训练,定期进行训练和交流,对外承接相关的资料翻译业务和现场口译业务,实现校企合作,让学生早日学成,以便能完成将来的工作任务;也可尝试与国内外知名网站合作。

高职英语的协同创新要加强实践教学的"硬件""软件"建设。完备的校内实训中心建设尤为重要,因为校内模拟实训是校外顶岗实习的预备演习,可锻炼学生的动手能力、组织和交际能力,以便学生尽早发现知识和能力的欠缺并及时补救。要加强与企业的合作,建立校外实训基地,定期、不定期地安排学生进行认知实习、顶岗实习,参加暑期实践等,并通过政策和项目引导,把教育教学、人才培养、科技创新、生产转化和社会服务有机地结合在一起,积极开展不同层面、不同类型、不同形式的协同创新。有条件的高职院校可开展境外实习,定期组织学生到境外企业实习,锻炼学生的语言能力,获得国际企业实践经历,为学生毕业后胜任涉外企业工作岗位打下坚实基础。

为了实现协同创新的战略目标,高职英语教育要坚持"政校行企四方联动,产学研用立体推进"的办学思想,做到"需求导向、全面开放、深度融合、创新引领",面向国家战略和区域发展重大需求,以复合式创新型高素质高技能人才培养改革为核心,把师资队伍建设放在突出的战略位置,推进复合式创新型人才培养改革,提高高职英语教育质量。

协同创新是未来一段时期我国高等教育发展的主攻战略,实际要求紧迫,现实意义重大,为高职英语教育提供了宝贵的发展机遇。高职英语教师要注重理念创新、模式创新,加快协同创新体系建设,优化资源配置,推进"文化育人、复合育人、协同育人"的改革,建设复合专业学习平台,树立新的能力观,加强高职学生专业能力、职业变迁能力、社会普适能力和创业创新能力的互补。高职英语教师若能结合语言学、心理学、第二语言习得等科学原理,吸取国内外职业教育的先进理念,深入开展高职英语教育的协同创新,就一定会迎来更美好的明天,为国家培养出更多兼具英语应用能力和专业技术能力的复合型人才。

第十章 现代高职英语教育展望

进入 21 世纪，倾向"实用"、"就业"、"能力"的教育指导方针更是推动了高职英语教育的长足发展，基础英语与专业英语一体化模式将是适应并推动中国高职英语教育市场化、信息化和双语化发展趋势的教学模式。本章对现代高职英语教育展望进行详细的总结。

第一节 高职教育体系的完整发展

一、高职教育与世界接轨

在新时代，我国高职教育将完善专科、本科，甚至研究生多层次的办学体系，构架起高职教育的"立交桥"。高职是高校的一个重要类型，它应该和"以学术为目的"的普通高等教育并存于专科、本科、硕士各层次教育中。在我国已形成这样的体系。美国普渡大学的本科专业也分工程类和技术类，前者以学科理论教育为主，后者以高等职业教育为主。我国许多专家把高等职业技术教育的培养目标定位为"技术型人才"。按照不同职业岗位对技术型人才要求的水平，可以在专科、本科、硕士不同层次培养。

高职教育高移化首先在联合国教科文组织颁布的《国际教育标准分类（新版）》中得到权威性认定，这对于我国高职教育突破目前单一的专科办学层次具有积极的推动作用和参考价值。将原来第五层次的教育类型（不授学位的大学专科层次）调整为包括大学专科、本科及所有除博士学位以外的研究生课程在内的"高等教育第一阶段"，而在类型上细分为 A、B 两类。A 类为普通高等教育，B 类为高等职业技术教育。我国高等职业教育显然可归于新标准的第五层 B 类教育。依新标准，高等职业技术教育已突破了原来大专层次的限制，可以有大学本科甚至研究生层次。

另外，我国高职教育的发展必须与国际接轨。在职业技术教育开展得早而较为成功的国家，相继建立了专、本科兼容的职业教育较完整的体系，而且高等教育的这种高移化还在进行。职业技术教育总的趋势是朝着综合化方向发展，以适应技术的不断发展和社会转型的需要。我国高职教育应积极借鉴世界各国高职发展的成功经验和模式，顺应时代的发展，提高办学层次，构建完整的、与世界接轨的高职教育体系。

二、办学层次提高是我国经济发展的需要

高职教育单一的培养专科人才的办学体系使高职教育难以获得应有的地位，给高职的发展带来了一系列的问题，也不能满足我国迅速发展的社会经济对实用人才的新的要求。因此，高职院校办学层次的提高不仅势在必行，而且指日可待。高职教育的大力发展，也得到了国家的大力支持。需求是发展的动力，现代社会分工越来越细，对人才的需求也是多类型的。为迎接全球经济一体化和知识经济的挑战，我国工业化水平将进一步提高，生产科技含量将进一步增加，随之而来的便是对生产和管理第一线的专门人才（特别是高新技术产业及第三产业的人才）的文化、知识素质的要求也会相应提高。高职教育需要培养更高层次的应用型人才，如我国高新技术行业的航空航天、半导体集成电路都存在对大学本科教育层次以上的技术型人才的需求。因此，应用型人才规格上移的趋势是必然的，德国的高等专科，学制四年，相当于我国的本科，培养现场工程师；美国高等职业技术教育也由专科发展到既有专科又有本科。我国发展本科职业技术教育的目的也是适应目前和将来经济与社会发展的需求。

总之，我国高等职业教育起步较晚，但时代赋予了它极好的发展机遇。随着改革和发展的深入，高职教育将趋于内部结构合理、学制齐全、体系完整。高职教育"立交桥"将构架完成，将为培养现代化建设急需的第一线应用型技术和管理人才做出更大贡献。

三、高职办学层次的提升与英语教学

不久的将来，随着高职教育办学层次的提升与办学体系的逐步完善，高职本科英语教学将在高职院校展开。这一变化将给高职英语教学带来新的动力和机遇，同时也将给高职教育带来前所未有的挑战。高职院校应该未雨绸缪，及早就高职院校如何开展英语教学进行研究和探讨，以便集思广益、群策群力，为高职英语教学迎接更大的挑战做好准备。

高等职业技术教育是培养面向生产和服务第一线的高级技术及管理的应用型人才。高职教育属于能力为本的教育，它是为学生进入现实和未来市场就业或创业做准备的教育。高职英语教学作为高职教育十分重要的一部分，应该服从和服务于高职教育总的培养目标。鉴于目前高等职业技术教育仅为专科层次，国内教育界把高职高专英语视为一类，为专科层次英语，但对高职高专英语是一种独立的、和本科类型不同的教育已达成

共识。普通高等专科英语课程指导委员会根据专科的人才培养目标把高职高专专科英语界定为专门用途英语分支下介于学术英语和职业英语之间的业务用途英语，在国家的宏观指导下制定了《高职高专教育英语课程教学基本要求》（以下简称《基本要求》），强调"实用为主"，着力培养应用能力。在注意语言共核教学的同时，侧重一般语言交际和涉外业务应用能力的培养，改变了以往重基础轻应用、先基础后应用的模式，创立了以英语应用能力为核心的实用英语课程教学模式。高职高专专科英语的界定和《基本要求》的制定是有充分的理论根据的，也是符合我国专科教育人才培养的规格和专科学制、生源以及社会需要的实际情况的。

对于高职专科英语来说，这种界定和《基本要求》的制定意义重大。因强调"实用为主"，着力培养应用能力，高职英语开始有了自己的特色，有了一个统一的要求来规范教学。不仅如此，它对以后的高职本科英语教学仍具有重大的参考意义和实践价值。随着高职教育的发展，高职教育人才培养的规格会上移至本科甚至研究生层次。但这样的层次依然应是实用型的特色而非学科型。高职英语强调"实用为主"，这应是贯穿高职专、本科层次英语教学的一条主线。首先，这是因为无论何种层次的英语教学原则上都必须服从于高职教育培养应用型人才的总体目标。在高职本、专科英语教学中都必须强调英语应用能力的培养。其次，这也是和整个外语教学改革、发展的大方向一致的。外语教学的研究和发展已经使人们认识到了过去外语教学对学生运用能力的忽视所造成的恶果。外语教学重理解轻表达、重知识轻应用的倾向必须纠正。从社会语言学的角度来看，语言是人们社会交际的工具，应用性强是其最根本的特征，任何层次的语言教学都不应脱离语言这一基本属性。但当高职办学层次提高，高职教育人才规格上移、学制变长，生源及社会需求都发生变化后，原来制定的《基本要求》不再适用于本科英语教学。"实用为主"的指导思想在高职本、专科英语教学中应毫不动摇地坚持，但照搬普通高等教育院校学术型本科英语教学模式或者一成不变地执行《基本要求》都是不可取的。因此，高职院校及相关教师应该在如何使学术型本科英语和高职英语特色适当地结合、交叉方面进行深入研究。问题的另一方面涉及高职专科英语强调的"够用为度"问题。"够用为度"即专科英语教学中基本理论教学以够用为度，目的不在于去完整地掌握英语语言的框架或整个体系，而在于把它应用于实践中，这就达到了一个有限的目标。这样的目标对于层次提高的高职英语仍有积极的指导意义。但是，专科层次的"够用"和本科层次上的"够用"，显然也是应该有所不同的。过去人们用本科教育的要求来要求专科教育，人们认为是不恰当的；反过来，专科教育的要求完全照搬于高职本科教育，同样也是不合适的。高职本科英语在"够用为度"的调整方面，要达到"够用"，除了教学中主要突出实用，强调以学生练为主，在培养学生应用能力方面下功夫外，为保证学生能练和练好，教学中应适当加强语言基础的理论教学。但不能喧宾夺主，矫枉过正，高职英语教学应始终以培养学生的实际运用英语能力为目标来开展。如何使高职本科英语在专科英语和普通本科英语中找准自己的定位和发展自己的特色将是一个重要的课题。

除高职英语的界定以及教学要求的调整外，高职院校还面临其他亟待解决的问题，如教材问题。教材反映一定的教学目标，是体现教学目标的具体措施，也是高职英语教改的重要手段。高职办学层次提高后，面临以下几种选择：照搬现有的本科教材用于高职本科；先用专科教材，再用本科教材，两者结合兼收；自编高职本科英语教材。前两种做法有着显而易见的弊端。生搬或变通的做法都有不适合或不能完全适合高职本科英语教学的需要之处，也不适用于高职教育新的人才培养规格和目标。笔者建议编写具有高职特色的本科英语教材。但理论上的指导必须先行，如高职英语的界定及教学要求问题必须首先解决。另外，编写教材是一个浩大的工程。即使有充分的编写理论依据、原则和指导思想，在短期内编写出具有高职特色的高质量教材也并非易事，完成后也需要一个试用、修改和完善的过程。同时，配套教材如听说、词汇及语法练习册、阅读练习也须相继编出。为了搞好高职英语教学，这项工作是十分必要的，应该及早进行相关研究和准备。

高职本科英语在高职院校展开后，还面临高职本科英语教学质量评价的问题，即是否有必要建立有别于学科型院校的高职本科英语教学评估体系。测试是对教学质量进行检测的必要手段。目前，用于检测学科型院校大学本科公共英语教学的水平为英语四、六级考试。用于检测高职高专英语教学水平的考试为高等学校英语实用能力考试，分 A 级和 B 级。由于这种考试制度的实行给高校英语教学引入了目标管理的机制，推动了英语教学改革，使本、专科教学日益规范化。它不仅促进了大学英语教学质量的提高，也在社会上产生了深远的影响。所以，类似大学英语四、六级的考试，无论是对我国大学英语教学的发展还是在我国整体英语水平的提升方面，都具有积极的意义。考虑到大学英语四级考试的社会认可度和高职学生日后的就业问题，升格后的高职院校似乎应该把大学英语四级考试作为对高职本科英语教学质量的检测。这可能是高职院校师生的愿望，也是升格后高职院校目前最可能的选择。但长远来看，这种选择值得商榷。大学英语四级考试属于通用英语类考试，主要用于评估学科型院校大学本科公共英语的教学水平和测验学生的一般语言技能，即听、读、译和写的能力。高职院校总体培养目标和学科型院校的总体培养目标是不一样的，它培养的是应用型人才，而非学术型人才。高职英语强调"实用为主"，着力培养应用能力，有它自己的特色。以大学英语四级考试测量学生是否达到了高职英语教学基本要求指标，把它作为检测和评估教学效果、教学质量的标准，并把其反馈作用作为高职本科英语教学提高教学水平、进行教学改革的重要依据在理论上和现实中是否合适，这一点也是值得深思和探讨的。

总之，高职教育升格势在必行，高职英语所面临的这些问题无法回避。高职英语教育界须精诚团结，共同探索，为迎接这一挑战做好准备。

第二节　高职英语教育对教师的要求

一、高职英语教师的任务

社会对实用型人才的需求日益增大，要求也越来越高。高职教育所培养的实用型人才，除具备一定的专业理论和较强的实际操作能力之外，还应具有较熟练的英语运用能力。高职学生全面素质的提高，特别是语言与文化素质的提高日趋重要。因此，培养新时代所需要的具有较强的英语应用能力的高素质的应用型人才是时代赋予高职英语教师的重任。

高职英语教师的工作光荣而艰巨。英语教学不仅是向学生传授英语知识（语言、语法、词汇）、训练基本技能（听、说、读、写），更要培养学生运用英语进行交际的能力。高职英语教师首先要把高职英语教学作为一项事业来对待，认真学习和贯彻《基本要求》。把《基本要求》强调的教学指导思想、教学原则和教学重点，体现于日常教学中。运用有效的教学方法，在教学的各个环节中，如备课、上课、辅导、测试、指导课外活动，突出实用能力的培养，不断提高英语教学质量，使教学达到《基本要求》的目的。

高职英语教师同其他学科教师一样，我担负着开发学生智力的任务，即在专业知识、语言技能教学的基础上发展学生的认知能力、思维能力、想象能力和实践能力，尤其是创造思维能力。语言学习是一种普通而有效的发展智力活动，教师要传授知识，解决学生学习中的疑惑，还要启发他们的智慧，使他们形成自己的知识结构和技能技巧。教师要注意培养学生的模仿力、记忆力、观察力、分析力，开阔、活跃学生的思维，使他们反应敏捷，富于想象和创新。英语教学的目的不仅是使学生获得知识和技能，也要培养学生学会如何学习的能力，培养他们观察、理解、判断、分析、解决问题的能力和学习策略，为他们日后的可持续发展、终身教育打下基础。为此，现代高职英语教师的角色要进行调整，要从原来的管理者、控制者、教员变为诊断者、培训者、教练、协调员、语言学习者、研究者。

高职英语教师还富有树人育才，培养学生道德品质的职责。教师要教育学生爱党、爱国、敬业爱岗；培养学生勤奋好学、正直上进的道德品质，增强他们对不良现象的免疫能力，帮助他们树立正确的世界观、人生观、价值观，把他们造就成为有理想、有道德、有文化、懂英语的人才。

二、高职英语教师的基本素质和新要求

高职英语教师应具有较高的政治素质和专业素养，品德高尚，有强烈的事业心和责任感。教师的品德言行、为人处世的态度对学生有耳濡目染、潜移默化的作用，在人格、人生态度方面应是学生学习和模仿的榜样。高职教师应热爱高职教育，敬业、乐业；对待教育，鞠躬尽瘁，甘为人梯，严于律己，为人师表；对学生严格要求，热情关心，尊重人格，理解关怀，爱护有加，诲人不倦；对待同事要精诚合作，协同施教。

高职教师要知识渊博，专业造诣深。英语教师要具备牢固的专业基础，丰富而广博的英语学科理论，英语功底扎实，基本技能娴熟。在此基础上应钻研语法、词汇学、语义学、英语语言学、文学、文体学、语言测试学、语用学等专门理论，具有较高的专业理论水平和合理的知识结构。

英语教学与心理学、教育学关系密切。掌握一定的教育学、心理学知识是高职英语教师的基本要求之一。在此基础上才能了解和掌握高职英语教学规律，了解高职学生的生理特征，了解高职英语的特点和学生学习的策略，能运用教育心理学、心理语言学、认知语言学等知识来培养、教育我们的学生。

高职英语教师还应钻研应用语言学理论和国内外教学法，了解英语教学理论的发展及当代主要的教学法流派。近20年来，随着教育学、心理学和现代语言学研究的深入和发展，英语教学研究进入一个新的阶段。新的教学理论、教学思想和模式不断涌现。教师应紧跟时代前进的步伐，密切注意和了解国内外教学研究的方向和发展动态，学习和吸收新的教学理论和研究成果，结合高职英语教学的特点和实际，开展高职英语教学的改革和创新，从而改进英语教学。

高职英语教师需要提高和加强科研工作能力。高职英语教师在提高自己的语言与教学能力的同时，要不断地充实自己，逐步掌握科研、教研的方法，具备编写教材方面的理论以及撰写论文的能力。高职英语教师要对高职英语教育改革的实践进行广泛的研究，积累素材和经验，善于从教学中发掘研究课题，注意实践统计数据的收集和分析，用于科研实践，逐步培养自己的科研素质。要做到善教书，会科研。高职英语教学界也要加强联系、交流，培养良好的学术研究氛围，力争造就出一批高职英语教育的专家和

大师。

高职外语教师也应向着"双师型"的方向发展。由于高职教育的培养目标和教学是围绕培养实用型人才来进行的，因此，高职专业教师必须是"双师型教师"。虽然这一要求主要是针对专业教师，但外语教师身在高职院校，同样担负起了培养生产第一线需要的实用型人才的任务。比如高职英语《基本要求》规定把基础英语能力和实际业务运用能力的培养融为一体，那么，英语教师除了扎实的语言素质、教学理论及科研能力外，必须去学习、了解相关专业的实用业务知识。无论是教学工作还是科研工作，都应该紧密地和学校开设的专业挂钩、结合。要扩大视野，积极主动地了解专业，学习相关理论和知识，至少要对一门专业有较深的了解，使自己的教学和该专业结合起来，做到一专多能，更好地贯彻《基本要求》。高职院校也应该大力支持，让教师通过参加考察、培训、脱产学习、进修等途径，加快英语教师向双师型转化的进程。

高职英语教师还应具备熟练应用现代化科技的素质。高职英语教师身处科学技术飞速发展的时代，教学手段日趋现代化，高职英语教师通过培训，应自己会开发制作为特定目的服务的CAI的课件、录像，具有自己的网页，并运用网络进行教学（包括网上答疑、网上批改作业、网上授课等）。时代在进步，科技在发展，高职英语教师必须奋发努力，迎头赶上；否则，将被滚滚向前发展的时代潮流所淘汰。总之，随着高职英语教学改革的深入，英语教师面临前所未有的机遇，同时给现在和未来的高职英语教师提出更新、更高的要求。教师将不仅是传统意义上的"传道授业解惑者"，更是学习的训练者、协调者、语言的学习者和研究者、现代教学手段的使用与实践者。

第三节　高职英语教学手段和设备的现代化

一、我国高职英语教学手段和设备现状

我国高职英语教学中一直在使用传统的教学手段和设备，如黑板、粉笔、实物、图片等。近年来，越来越多的先进技术走进高职校园。高职英语教学所利用的现代技术主要有：幻灯、电影、录音、广播、电视、录像、语言实验室、多媒体及网络。目前，高职英语教学中传统与现代教学手段并存，在优化教学环境方面相互补充。但总的来说，高职院校英语教学手段、设备落后陈旧，现代化水平偏低，且院校间装备不一，差别巨大，这在一定程度上影响了高职英语教学的改革和教学质量的提高。随着我国社会经济的进

步，国家对高职教育的大力扶持，高职院校会积极开发先进的设备资源，将现代电子信息技术广泛地运用于高职英语教学。我们有理由相信，在新时代，多媒体、网络教学将帮助高职英语教学创新发展，高职英语教学的现代化的春天即将来临。

二、多媒体、网络在高职英语教学中的应用

网络正以一种令人惊叹的程度向前发展，已发展渗透进人们生活的各个领域，引起整个社会生产、生活方式和人类思维方式的巨大变革。网络给人们带来了巨大的便捷和效益，人们对网络日益依赖。网络社会——与现实社会相对应的人类的第二生存空间已经开始形成，网络时代已经到来。多媒体电脑的普及和网络发展不仅将从根本上改变人类现有的生活和工作方式，必然对高职外语教学产生巨大的影响。

现在，人们已经认识到要提高学习者运用语言的实际能力，就应当将教、学、环境三者有机地结合起来。三者缺一不可，互为补充，相得益彰。语言教学中，除了发挥教师的主导作用外，还要重视学习者的心理活动及个体因素在语言学习中的作用。因为学习者的学习过程不仅是被动地吸收语言知识的过程，也是一个积极的交际过程。另外，应给学习者提供更多、更真实的语言环境，以多媒体和网络化为代表的计算机技术的飞速发展使营造真实语言环境的愿望有望变成现实。多媒体计算机作为重要的教学辅助手段将大大改善课堂内的语言环境，网络技术将为学习者创造良好的课堂外语言环境。一个动态的、多变化的、较为自然的语言环境对学习者来说已经不仅是一个梦想。多媒体和网络有助于把学习的自主权还给学生，促使学生成为学习的主人。随着英语教学观念的转变，教学模式的改革，以多媒体、网络为代表的现代教学手段引入高职英语教学势在必行。

高职英语强调能力为本，突出实用。教学中讲究精讲多练，培养学生的自学能力和创造能力。安晓灿曾归纳出专科英语教学中应解决的几个问题，也即高职英语教学中的不利因素。采用现代教育技术和教学手段为改善高职英语教学现状、提高高职英语教学水平提供了有力的工具，将在贯彻《基本要求》方面发挥积极的作用。多媒体网络的使用首先可以优化高职英语教学环境。高职学生处于人为的教学环境中，不能感受和参与真实的语言活动。无论是课上、课后，使用英语的机会都不多。周围没有使用语言环境对学生学英语显然不利。运用现代化教学手段弥补这一不足，给学生创造一个较为自然真实的语言环境，提供逼真的语言交际并让学生参与，将有助于发展学生的言语能力和交际能力。

有利于个性化教学。由于高职学生入学时的英语水平参差不齐，加之学生学习风格

和思维方式各异，给课堂教学带来了一定的困难。针对这种情况，目前多数教师授课的内容、进度、方法只能根据群体水平进行，很难考虑优生和差生的特殊要求。这样在传授内容和学生理解上必然存在差异。教学忽视学生的个体差异，对所有的学生一个标准、一个模式，很难实现因材施教的原则。这一方面抑制了学生的智力发展；另一方面使后进生感到学习吃力，很难达到教学目标。长此以往，课堂学习中有些学生因学习内容太难会焦虑，或因过易而感到乏味，出现了一种优生变差、差生更差的局面，教学难以全面达到高职英语的教学要求。多媒体教学很好地弥补了目前教学中的这一不足，针对不同学生的学习水平和需求，可设定不同的学习范围、不同的学习内容，使他们能按需而学，有利于提高学生的学习成绩和水平，有利于开发优生的学习潜力。英语教学更加密切地结合每个学生的实际，扬其长，避其短，使他们真正成为学习的主体和学习的主人。

激发学生兴趣，提高效率和教学质量。总体来说，高职学生的学习积极性有待提高，如何激发他们对英语学习的兴趣一直是高职英语教师颇感棘手的问题。一方面，多媒体教学集图、文、声、像于一体，学习材料丰富多彩，引人入胜，学习形式灵活多样；另一方面，教学活动中，学生的全部感官被充分调动起来，而不是单用听、视、触、动中的一种或几种感官。在逼真的语言教学活动中，学生必须眼到、耳到、口到、手到、心到。这是一种立体化的学习，学生感知深刻，注意力易于集中或分配。记忆也更加深刻，想象、思维等智力活动的效率也会提高。智力活动的活跃，反过来又促进兴趣、情感、动力等潜力因素的增强，这对激发高职学生兴趣，改变目前存在的学生学习积极性、主动性不高的局面具有积极意义，教学活动也会因而事半功倍。加之声光活动很快，运用声光媒体后教学活动的节奏必然加快，操练密度、广度，尤其是口头操练密度、广度随之加大。高职教学中可缩短教学时间，因其学制短而造成的英语学时少的压力可得以缓解。此外，可提高英语课的实践性。高职培养的是操作型、应用型人才，强调学以致用，突出技能训练。多媒体教学可使学生使用英语的机会大大增加，英语技能全面发展，使高职英语注重使用能力为本的特色更加鲜明。

有利于学生创新能力的培养。第一次全国高职高专、教学会议已明确把创新人才的培养作为我国高职高专办学的指导思想和教学改革的方向。就英语教学而言，实现这一目标，须对目前的外语教学从指导思想到具体方法进行彻底改造，走一条以培养能力和素质为目标的新路。英语教学应着眼于学生可持续发展的需要，侧重培养。学会学习的方法，如独立拼读；学会做事的方法，如用英文沟通；学会共处的方法，如小组学习及合作表演；学会生存的方法，如自学。多媒体和网络教学为培养学生的创新能力提供了一个"实践"的阵地。在此模式的教学中，主要是学生对自己的学习负责，他们自己"下水游泳"，要学会对自身的学习水平准确地进行判断，对自身的认知特点有充分了解，对学习目标有明确的认识。学生自己去寻找解决学习中问题的方法。这种"自主性"学习的磨炼，不仅指他们整个学习过程的自学，更重要的是提高自我识别、自我发展、自我评价和自我控制的能力。通过实践，掌握管理方法，培养创新精神，推进素质教育，保证高职学生终身能够持续发展以适应迅速发展变化的未来，成为生产、管理、建设、服务第一线的实用型人才。

第四节　高职英语的教学模式、评估方法

一、高职英语岗位群化趋势

在可以预见的未来，高职教育和高职英语的特点决定高职英语将进一步岗位群化。高职教育的优势和特色在于其教育是以社会人才需求为中心，而高职英语作为高职教育重要的一部分尤其要突出这一特色。高职英语注重实用，尤其应该注重对学生将来适应生产、管理第一线的实际工作中遇到的各种局面所需的语言应用能力的培养。学习者将来工作中可能涉及的业务或者岗位英语应该逐步成为高职英语教学的核心内容。高职英语的实用性表现在它是高职学生获取工作时独特的优势和前提，是他们顺利完成本职工作的保证。高职英语要真正做到学生"学之有用、学之能用"。所以，在以后的高职英语教学中，语言教学和岗位群的相关性必然加强。高职英语"职业化"或者"岗位化"的特色将进一步凸显。同时，高职英语岗位化也进一步突出了高职英语"3S"教学思想，是"以社会需求为中心"在教学内容方面必然会带来的体现和变革。

二、自主学习模式的发展与高职英语教学

随着高职英语"3S"教学的推广，"以学生为中心"的教学观将更加深入人心。课堂将不仅是传授、学习知识的地方，更将是培养能力的一个双向的、互动的场所，而互动的核心目标是交际能力以及跨文化交际能力的提高。在现代化的教学手段逐渐普及，语言教学正走向多媒体教学的新时代，对学生能力的培养和加强将越来越多地通过多媒体的使用和网络教学来实现。传统的教师讲、学生听的模式将逐渐被新的教学模式取代。其中，自主学习中心模式将会应运而生。在这种模式中，教学班级将为自主学习中心所代替，教师将负责中心的教学，但这种教学已不是传统意义上的教学。学生一人一台电

脑，自主学习。教师的作用是咨询、辅导和组织适当的群体交际活动（例如讨论或者辩论）以及期中或期末考试。学习者通过电脑操作，可以选择不同的学习内容、不同的学习步骤，控制学习的进度。

自主学习是一种新的教学模式，可以在课堂内进行，也可以在专门的自主学习中心或其他地方进行，但世界上如欧美大多数高校的做法是建立专门的自主学习中心，为不同外语水平的学生提供固定的语言学习场所。近年来，我国的院校相继成立了以英语为主的自主学习中心。在中心里有各种放置有序的学习资料，包括书籍、磁带、录像带和光盘等；有引导学习者如何使用这些资料的辅导系统，如能显示学习者所需内容的标题、位置和语言等级的计算机目录；中心还可通过提供附加作业、答案和其他辅助材料等手段帮助学习者有效地使用资源；中心通常有值班教师为学习者提供各种辅导。它集教室与图书馆之优势于一体。一方面，学生可以尽享丰富的辅导学习材料，又享有学习的主动性；另一方面，又有教师有计划有组织地辅导和帮助。利用中心资源，学习者通过自我确立学习目标、学习内容、评估学习进度和成效等技能的培养学会独立自主的学习。自主学习模式充分体现了"3S"的"以学生为中心"的教学思想，一方面尊重学生的学习风格，另一方面鼓励学习者逐渐脱离对教师的依赖。其理论基础是认知心理学和人本主义心理学。认知心理学家认为，学习者学习是一个积极的参与过程，如他们可以有选择地吸收信息，做出假设、比较和说明，重新构建信息的含义并将新信息融入已知的知识，以供将来使用。语言学习的任务就是要尽量地给学生提供机会，对各种假设进行验证，运用他们已有的知识，大胆地使用语言进行交际。人本主义心理学家强调成人学习过程中自我观念和情感因素的重要性。他们认为，语言教学应注重有意义的交际，尊重和重视学习者，把学习当作实现自我的一种形式。在决策过程中给学习者一定的权利，让教师站在促进者的位置上营造并保持一种良好的课堂气氛。不忽视其他学习者的协同作用。这两种理论都强调，在语言教学中要以学习者为中心。在外语教学领域，随着语言教学重点以原先侧重语言知识的教学转为以学生为中心的技能和能力训练，培养学习者自主学习显得尤为必要。运用语言进行有效的交际，不仅是对语言字符的破译，还涉及意义的协商，因而需要学习者具有处理未知信息的能力。学习者只有发展这种能力才能参与到交际活动中去，逐渐促进外语水平的提高。因此，要提高外语水平，最终须依靠学习者广泛地、自主地使用目的语。人们已经认识到，课堂的语言教学不仅是注重目的语的演示和操练，同时要加强学习者在课内外所需的学习技能和策略的培养。彭生更主张，"自主"应作为大学教育的目标。高职学生通过自主学习，能充分地发挥认知主体的作用，他们可以根据自己的基础或根据教师和计算机测试后的建议，自主地选择各自的学习策略。学生学习英语不再是一个被动接受的过程，而是一个主动参与的过程。这将促进学生内部心理过程的优化。这种心理过程与优化的外部刺激互相作用，就能使学生在学习英语的过程中根据各自的特点获得不同的成就。

自主学习中心可分为六种模式，即学习中心、撤离中心（意为离开教室进入中心）、序列学习中心、随时进入中心、自我指导中心和学习资源中心。根据高职英语的教学现状，在高职院校引入学习中心和资源中心，使课堂成为研讨会更具现实意义，而且不少院校已具备或将具备建立中心的物质条件。学习中心可作为对课堂教学的有力补充，中心内的学习资料要针对课堂教学内容；教师帮助学生解决课堂教学的疑难点，为他们选择合适的学习材料，并给予学习策略、技能发展等方面的指导。学生可复习、扩展教学内容，独立完成作业，利用中心资源自主学习。而学习资源中心的学习完全是自主学习。在该类中心中，学生知道如何获取学习资料和选择适合自己的学习策略，他们利用中心内丰富多彩的学习材料在中心或中心外开展自主学习。

当今社会，科技日新月异，一个人的知识结构必须不断更新。随着现代知识经济的发展和社会对高职学生英语能力要求的提高，更应倡导"英语终身学习"的观念，使终身教育的观念深入人心。英语学习是一个不断积累、不断应用、不断提高的过程，对于任何人来讲，包括高职学生，这是一个无止境的过程。在信息时代，各类新知识、新事物层出不穷，英语新词汇不断涌现。高职学生只有根据工作、生活需要主动学习，知道怎样去探索信息、选择信息、管理信息和分析加工信息，不断地调节学习内容和方法，才能不断地提高英语应用能力，在未来竞争中跟上时代前进的步伐，立于不败之地。而自主学习的形式对于高职学生个人适应环境、适应变化及创新能力的培养至关重要。此外，随着高职院校的年年扩招，高职学生人数猛增，不少学校师资不足的矛盾日益突出。教师与学生接触的时间平均相对减少，这使得培养高职学生独立自主的学习能力更显必要和紧迫。随着现代化教学手段的开发，特别是多媒体、网络等高科技在高职院校的日益广泛的运用，将为高职学生开展自主学习提供十分有利的物质条件和环境。因此，在不久的将来，自主学习的模式必然会引入高职英语教学并蓬勃发展。由以上讨论可见，在高职院校建立自主学习中心意义重大。它将改变高职英语教学的很多弊端，如教师包办学生学习，从学习内容、进度、教材的使用、成绩的评定都由教师一统天下的情况，学生的主体地位将得以进一步地提高。高职英语教学将更具开放性，更趋人性化。学生的语言需求、学习风格和策略将进一步得到重视和开发。高职英语教学重能力培养的观念将进一步增强，为之服务的教学手段将实现现代化。学生在课内、课外将享受前所未有的语言输入量，使用语言的机会和场所将大大增加，语言学习环境将更优化。部分高职学生学习积极性、主动性和创造性难以调动的局面也将进一步改观。学生的英语学习将由"要我学"逐渐变为"我要学"。学生独立、创造性学习的能力将大大提高，这无疑会使他们受益终身。我们有理由相信，未来的高职英语教育特色将更加鲜明，将是由多媒体课堂教学、网络教学和自主学习中心构成的一个全方位的新教学体系。

三、高职英语测试评估向多元化发展

未来的高职英语教学在教学内容、教学方法、教学手段方面实施重大改革的同时，英语教学中另外一个重要的组成部分——测试的改革也势在必行。未来的英语测试将更为科学，更加符合教育原理。总体来说，形成性考核比例会加大，终结性考核比例会减小。一方面，它将更好地发挥诊断和指导教学的作用；另一方面，未来的英语测试将会激发学生的学习动力，使学生在不同的学习阶段均能获得一定的成就感，更好地发挥它促进学生学习的积极作用。

目前，高职英语测试存在一些亟待解决的弊端。第一，对听、说能力的测试考查重视程度不够。第二，普遍存在轻平时测试、重阶段考试，特别是期末测试的现象。往往仅用一套测试题和单一测试成绩来衡量学生的英语水平。第三，考试题型随意性大，客观题偏多，主观题偏少，在语言测试题型、语言测试的质量指标方面缺乏研究。现有测试评估既不能全面地衡量学生学业水平，也缺乏科学性。欲改变这一状况，高职院校英语测试必须增大对听力考试的比重，从未进行过口语测试的学校必须引入对这一技能的考试。随着我国经济的发展，对外交流、合作日益密切。高职英语"实用为主"和"强调语言技能的培养，突出实际运用"的要求，不仅反映在阅读水平和翻译能力上，还应该越来越多地体现在对外交流所必须听、说能力上。另外，考试"一次定终身"的局面必须彻底打破。学生性格差异、智力因素、学习风格、兴趣爱好要得到充分尊重。英语测试期末考试成绩比重应下降，学生突击复习，看重期末考试的观念将淡化。在原有基础上成绩的增长将在评定学生进步方面受到越来越多的重视。因不科学的考试方式造成学生失落、自信心大减、积极性丧失、创造性被扼杀而导致潜能难以发挥的局面将大大改观。高职英语测试总的发展趋势应是考试与考查相结合，开卷与闭卷相结合，独立完成与小组讨论相结合，考场上完成与考场外完成相结合，笔试与听力、口试相结合，平时测试与期末考试相结合，主观题与客观题相结合（减少客观题，增加主观题），测试语言知识和运用能力的技能相结合。

通过对测试的进一步改革，高职英语测评将更为"开放化、多元化和科学化"，从而在促进高职英语教学改革，提高教学质量方面发挥其应有的作用。

参考文献

[1] 陈祝林，徐朔，王建初．职教师资培养的国际比较[M].上海：同济大学出版社，2004．

[2] 程晓堂．英语教材分析与设计[M].北京：外语教学与研究出版社，2009．

[3] 戴炜栋，胡文仲．中国外语教育发展研究[M].上海：上海外语教育出版社，2009．

[4] 董燕萍．心理语言学与外语教学[M].北京：外语教学与研究出版社，2005．

[5] 教育部．普通高级中学英语课程标准[M].北京：北京师范大学出版社，2001．

[6] 何少庆．英语教学策略理论与实践运用[M].杭州：浙江大学出版社，2010．

[7] 黄萍．专门用途英语的理论与应用[M].重庆：重庆大学出版社，2007．

[8] 李耀新．课堂教学的组织与管理[M].广州：暨南大学出版社，2005．

[9] 林新事．英语课程与教学研究[M].杭州：浙江大学出版社，2008．

[10] 刘润清．英语教育研究[M].北京：外语教学与研究出版社，2004．

[11] 曹子问，康淑敏．英语教学设计[M].上海：华东师范大学出版社，2009．

[12] 罗毅，蔡慧萍．英语课堂教学策略与研究方法[M].武汉：华中科技大学出版社，2011．

[13] 莫莉莉．专门用途英语教学与研究[M].杭州：浙江大学出版社，2009．

[14] 束定芳．外语教学改革：问题与对策[M].上海：上海外语教育出版社，2004．

[15] 连吉娥．图式理论视域下预科汉语写作教学研究[J].语言与翻译，2016（03）：85-89．

[16] 丛媛媛．浅析对外汉语写作课教学环节[J].西部皮革，2016，38（14）：153．

[17] 韦靓．从新HSK写作透视国际汉语写作课教学策略[J].语文学刊，2015（23）：142-144．

[18] 张惠玲．大学生英语听力焦虑调查研究[J].教育学术月刊，2013（12）：92-96．

[19] 张宪，赵观音．外语听力焦虑量表的构造分析及效度检验[J].现代外语，2011（02）：162-170+219．

[20] 卢冬梅.商务英语专业学生核心素养的人才培养模式初探：以大连财经学院为例[J].湖北开放职业学院学报,2019(24):48-49.

[21] 吴迪,王元昔,于雅莉.基于PBL教学模式的创新训练课程在产学合作协同育人机制下的应用研究[J].黑龙江科学,2018(19):64-65.

[22] 崔红.高职院校产学合作协同育人机制的实践探索：以电子技术专业为例[J].科技风,2018(28):58.

[23] 鲍方印,窦鹏,武杰,等.校企合作协同育人机制探究[J].蚌埠学院学报,2019(01):86-88.